# 知事の真贋

片山善博



文春新書

1284

# はじめに

新型コロナウイルスの感染拡大に対し、当初の国の対応はいかにものんびりしていたようです。どうみても迅速さと緊張感に欠けていたとしか思えません。中国武漢で感染爆発が起きた時、速やかに中国からの入国を制限しなかったことからもわかるように、早晩わが国にも感染が拡大するかもしれないとの認識はなかったようです。

安倍政権のもとで政府はクルーズ船を含めて外国からの観光客誘致にはことのほか熱心でした。ただ大勢の人が来日すれば、一緒に感染症も入ってくるかもしれないとの心配はあまりしていなかったようで、必要な準備を怠っていました。それは、外国のクルーズ船に対して内外の法律の適用関係すら整理できていなかったことや、対応が泥縄式だったことからも察せられます。

そもそも、政府の中枢には経済や治安に通じたスタッフを揃えている割には、国を危うくするかもしれない感染症について理解力のある人はいませんでした。もちろん中枢にいなくても、所管官庁にこの分野の専門家が何人もいればいいのですが、報道などで知る範囲では必ずしもそうではなさそうでした。

一方、それでは都道府県の側はどうだったでしょうか。感染症対策は外国との水際作戦は国が担当し、国内での感染予防は都道府県が中心的役割を担っています。そこで、このたびの新型コロナウイルス対策に適用された新型インフルエンザ等対策特別措置法では、新しいタイプの感染症対策を実施するための行動計画を作成し、国に報告するよう都道府県知事に義務づけています。

おそらく、どの都道府県でもこの行動計画を作成していたはずです。ただ、いざという時に計画を的確な行動に移せるだけの準備と体制が整えられていたかどうか。自治体は往々にしてこの種の計画を国に報告するために作成し、後はお蔵入りという例が多いようです。

最近では地震や風水害などへの警戒を怠らず、地域防災計画の見直しを行ったり、防災訓練に余念がなかったりする都道府県は多くなりました。いいことです。ただ、それと比較して、感染症予防対策はどうだったでしょうか。計画の点検や訓練などに力を入れてきた都道府県がどれほどあったでしょうか。

また、自治体は国から再三にわたり職員定数削減や行政組織のスリム化を求められ、行政改革に勤しんできました。その一環として保健所の統廃合や職員削減を行った結果、ひところに比べて保健所の力量が低下したことは否めません。

さらには、地方分権の流れの中で、保健所機能を都道府県から中核市や特別区に移管する制度改革が実施されました。地方分権は一般的には進めてしかるべきですが、分野によってはよく熟考すべきことがあります。保健所行政はその一つです。

保健所業務のうち例えば子育てや健康管理などは、住民に身近な市町村が担うのがふさわしいと思います。したがって、この分野はできるだけ市町村に移譲するのがいいでしょう。しかし、感染症予防に関する業務は、その性質からして狭域の市区町村の業務にはなじみません。引き続き都道府県が国と密接に連携して行うのが合理的だと思います。

ところが、業務の綿密な仕分けがされないまま、一部の地域で保健所は一体として移管されました。関係法令の改正は国が行ったものですが、都道府県の側では一体移管の是非を真剣に考えていたようには思われません。移管が新型コロナ対策にどう影響したか、今後検証する必要があります。

ともあれ、都道府県はこうした事情の下で、新型コロナウイルスに虚を突かれたといえます。初期段階ではウイルスの性質など正体は不明。限られた手段と資源で時間との戦いを強いられたわけですから、試行錯誤を免れません。かつて知事を務めた者として、その苦労は痛いほどよくわかります。

ただ、そんな状況の中で四十七都道府県の様子を見ると、その対応策や成果は、それぞれの知事の考え方やリーダーシップのありようによって大きく左右されるとの印象を強く受けました。

現状をしっかり把握し感染拡大を着実に抑えている知事もいれば、必ずしもそうでない知事もいる。国の指針に忠実に従っているだけの知事もいれば、現場の実態に基づき臨機応変に対応している知事もいる。マスコミを通じて露出度が高い知事もいれば、そうでない知事もいる。でも、内情をつぶさに知ると、知事の露出度と成果とは必ずしも相関関係がないということがわかります。

本書では、もっぱら知事の考え方や行動に焦点を当て、他の範とすべき対応や逆に反省すべき対応などを取り上げることによって、今後まだまだ続くであろう新型コロナウイルス対策が適切かつ効果的に実施されることを期待するものです。

本書の中には何人かの知事に不愉快な思いをさせる記述があるかもしれません。ただ、決して他意はありませんし、あるいは私の事実誤認や理解不足もあるかと思います。関係する知事にはここで失礼の段をご寛恕頂くようあらかじめお断りしておきます。

二〇二〇年十月

片山善博

知事の真贋

◎目次

# 第四章　問われる全国知事会の役割

不毛な都道府県同士の対立
感染の情報公開を部下任せにした知事
小池百合子都知事は広報係長か
大阪府と大阪市は発表でうまく連携した
知事会の役割は政府への「お願い」なのか
「九月入学」に悪乗りした知事たち
東日本大震災で九月入学論は出なかった
学校の現場は、リモートでの工夫も
緊急事態宣言解除をめぐる「出口競争」
休業支援の財源は誰がどう負担すべきか
安倍政権は現場に関心がなかった

力の弱い人、声の小さな人への目配りこそ政治の仕事
今、地方経済に必要なこと

# 第五章　東京都政と大阪府政を診る

# 第六章　ポストコロナ時代の首長と議会

議論せず、決めない議会に存在意義はない
コロナで役割を果たせなかった議会
東日本大震災の時にも似たようなことがあった
議会はどこでも開ける
急がば回れで、議会を蔑《ないがし》ろにしてはいけない
虹のマーク失敗の原因は知事の専決処分にあり
議会は責任の共同処理場

# 第一章　知事たちの虚を突いた感染症

二〇二〇年は東京五輪が開かれる予定でした。明るい年になると思われた人が多かったのではないでしょうか。しかし、新型コロナウイルス感染症の猛威で暗転し、この原稿を書いている時点では出口が見えていません。よもやそのような年になると、誰が想像したでしょうか。

感染症対策では地方自治体、とりわけ都道府県知事が重要な役割を担います。新型コロナウイルスが猛威を振るい始めて以降、各知事の動きが細かくメディアで報じられ、知事の仕事が俄《にわ》かに注目されました。

ところが、中には違法ともいえる決定や行動、真剣に考えたうえでかどうかわからないような発言も少なくなく、地方自治の将来や日本の民主主義に禍根を残しかねないとの危惧も抱いています。

このため、ウイルスが流行を始めた初期の対応から各知事の言動を検証し、問題を提起しておくことが、当面の新型コロナウイルス対策を適切に進める上でも、また今後の地方自治のあり方を考える上でも、とても重要な意味を持つはずです。併せて、また、知事とは何か、都道府県とは何か、改めてこの機会に皆さんと考えたいと思います。

## 知事職とは緊張の連続である

私は一九九九年から二期八年間、鳥取県知事を務めました。職を退いてから、もうずいぶんと時間が経過しましたが、今でも都道府県がクローズアップされるような事案が話題になるたびに、「自分が知事だったら、どんな対応をするだろうか」と考えます。意図してそうしているわけではなく、気がつくとそう考えているのです。

現在の各知事のウイルス対応も他人事とは思えません。

振り返れば、知事在任中は緊張の連続でした。

もし災害が発生したら陣頭指揮を執らなければならないからです。そのため海外出張にはほとんど出かけませんでした。

例えば、ブラジルには最後まで行けませんでした。日本人の移住百周年が近くなって、当地の鳥取県人会から招かれました。先方は強く望んでいるし、県議会からも「ぜひ行くべきだ」と言われたのですが、ブラジルは地球の裏側にあるので、現地の催しなどに出席することを考えると、最低でも二週間はかかります。その間、もし災害が起きたらどうするかと考えると、断らざるを得ませんでした。

もちろん何回かは海外出張に行きましたが、近場の国に短期間だけでした。県庁の知事室から鳥取市内の自宅へ帰った後も、消防車や救急車のサイレンが聞こえるたびに、「何だろう。どこだろう」と気になっていたものです。

二〇〇七年までの私の知事任期中に発生した世界的な感染症に、重症急性呼吸器症候群（SARS）があります。二〇〇二年十一月、中国南部の広東省で初めて患者が報告され、翌年七月にWHO（世界保健機関）の終息宣言が出されるまで、三十二の国と地域で八千人を超える患者が報告されました。

当時はインバウンド（外国人の訪日旅行）が少なかったので、今とはずいぶん事情が違います。

しかし、鳥取県は人口が少ない割に中国との関係が深く、県も吉林省や河北省と交流がありました。鳥取大学は農業技術関係で行き来がありました。

それから、これは全国でも珍しいのですが、鳥取県は台湾の台中県（現在は台中市との合併で台中市）とも交流があり、後に友好交流協定を締結したほどです。

こうした人の動きがあったので、鳥取県内にウイルスが入ってくるおそれがありました。

中国での発生以降、備えをしておかなければならないと考え、新しい感染症についての情報を鳥取大学の感染症の先生にうかがったり、保健所の体制を点検したりして、準備だけは進めました。この時は幸い県内では流行せず、空振りに終わりましたが、準備をしていたことは間違いではなかったと思います。

## 現場の声は天の声

牛の牛海綿状脳症（BSE）対策でも、かなりの神経を使いました。

この伝染病では、牛がBSEプリオンと呼ばれる病原体に感染すると、脳の組織がスポンジ状になって異常行動を取り、運動失調などを示して死亡するとされています。原因は、感染牛の脳や脊髄《せきずい》を原料にした餌を、他の牛に与えたためでした。イギリスを中心に伝染し、日本でも二〇〇一年九月から二〇〇九年一月までに三十六頭が感染していたことが分かりました。

BSEは牛の感染症ですが、人でも同じような症状を示すクロイツフェルト・ヤコブ病が知られており、BSEとの関連性が指摘されていました。

このため、当時の消費者は牛肉に対して大きな不安を感じており、私は検査をきちんとしなければ牛肉が売れなくなり、畜産農家への影響が深刻になると危機感を持ちました。鳥取県は有名な種牛「気高《けたか》」号を生んだことでも知られる和牛産地でしたから。

プリオンの検査は国が主導し、当初は生後三十カ月以上の牛についてのみ検査を行うとの方針を打ち出していました。この方針に対して、現場で対策をとっていた県庁の職員から疑問の声が上がりました。

肉牛は通常、生後三十カ月以上の個体を解体して市場に出荷します。しかし、三十カ月未満でも解体することがあるので、現場の職員が「大丈夫なのか」と思ったのは当然でした。都道府県は食肉衛生検査所という組織を持っており、ここに配属された獣医師の職員が検査を担当することになります。

獣医師らの疑問を聞いて、私もそうだと思いました。生後三十カ月以上の牛だけの検査では、消費者の信頼が得られません。

ならば政府はどう考えているのか聞いてみようと、担当部署に「三十カ月未満の牛を検査しなくて大丈夫か」と尋ねてもらいました。ところが、政府からは返事がありません。何度聞いても返事がなく、とうとう最後には「しつこいと言われた」と、担当者が報告にきました。

政府がそういう態度なら仕方ありません。現場の職員に「どうすべきだろう」と投げ掛けると、「頭数はそれほど多くないので、三十カ月未満の牛も検査させてほしい。そうしたら安心して市場に出せる」という意見でした。「じゃあ、そうしよう」と、鳥取県は三十カ月未満の牛も含めて独自に全頭検査をすることに決めました。

しかし、鳥取県の決定に対し、国がクレームをつけ、全頭検査に猛反対してきました。「三十カ月以上という基準を出しているのに、鳥取県は余計なことをするな」というのです。ＢＳＥの検査キットは国から購入することになっていたのですが、国は三十カ月未満の牛だけでなく三十カ月以上の牛用のキットまで「売ってやらない」といいだしました。明らかに嫌がらせです。

そうなると検査がまったくできないので、鳥取県産の牛の出荷ができなくなってしまいます。困って調べると、フランスに検査キットがあると分かりました。買いつけチームを編成して渡航準備を進めていたら、ある日突然、国から全頭検査の方針が出されました。結果としては望ましい形にはなったのですが、何かひと言ぐらい鳥取県に釈明があってもいいのではないかと思いました。現場の獣医師たちとは「政府の連中は非常識だなぁ」と笑い合って、溜飲《りゅういん》を下げたのを思い出します。

こうした話は、今回の新型コロナウイルス対策と無縁だと思う人がいるかもしれません。にもかかわらず、冒頭でかなりの行数を割いたのは、今回のコロナ対策と共通する問題点が透けて見える事例だからです。

現場発の問題意識でBSE対策を行った鳥取県への態度と同じように、今回の政府のコロナ対策も全く現場感覚がありません。

国・地方を問わず行政に必要なのは、現場からスピーディーに、しかも的確に情報が入ってくる体制です。感染症対策では死命を決するといってもいいでしょう。しかし、今の国を見ていると、現場とトップが隔絶されていて、現場の声が届いていないと考えざるを得ません。国民から批判の声が上がるたびに途中で方向転換せざるを得なくなり、困った人への三十万円給付がいきなり一律十万円給付に変更されたり、七月二十二日スタートの「GoToトラベルキャンペーン」の対象から東京都及び東京都在住者が突然はずされたり、「アベノマスク」といわれる布マスクの追加配布が取りやめられたりするなど、朝令暮改が相次ぎました。これだけ短期間に、しかも重要な施策でコロコロと決定が覆るのは極めて異例です。現場の声を反映した政策でなかったから、こんなことになったのだと思います。

こうした現場感覚の欠如や独断が、国の施策だけでなく、地方自治体にも大きな影響を与えています。今回のウイルス対策を見ていく大前提として知っておいてもらいたいので、あえて最初に私の体験を述べました。

## 国も地方も薄かった危機意識

世界的に流行拡大する感染症の予防で、まず課題になるのが水際対策です。

しかし、政府も地方自治体も、当初は非常に甘い認識しか持っていませんでした。

今回の新型コロナウイルスについて、二〇二〇年一月に中国の武漢市で大変な事態になった時、私は、現地の市長や行政の担当者、そして政府や、その上で指揮する共産党がどんな対策を行うのか注視していました。翻って日本で同じようなことが起きたらどうなるだろうかと、私は現職の知事に戻ったかのような当事者意識を持って考えていました。

当時の日本には中国からたくさんの観光客がきていました。特に一月二十四日からの一週間は中国の旧正月に当たる「春節」の休みになるので、多くの中国人観光客が来日を予定していました。日本でいつ感染症が蔓延《まんえん》しても不思議ではありませんでした。

そもそも中国とはあれだけ人の交流があるのだから、武漢市で発生した段階で水際での作戦を立てておかなければなりません。それなのに、政府の初動は極めて不十分でした。

理由の一つはインバウンドの経済的効果を失うのが惜しかったからでしょう。また、中国の習近平・国家主席の来日が四月に予定されていて、日中交流に水を差すのではないかとはばかった面もあったと思います。そうした政治的・経済的動機は理解できないわけではありませんが、それとウイルス対策とを天秤にかけるのは大きな間違いだと思います。

官邸には大変なことになるという認識がなかったのではないでしょうか。

その証拠に、武漢市に滞在していた日本人を帰国させるため、一月末から計五便のチャーター機を飛ばした時のウイルス対策は拙劣でした。

同じようにチャーター機を出したアメリカは、搭乗した係員が全員防護服を着ていました。一方、日本のチャーター機は、まるで通常の旅客機の定期便のような扱いで、客室乗務員が乗っていました。それればかりでなく、帰国後に検査をしないで自宅に帰ることまで許してしまったのです。

新型コロナウイルスが感染症法（感染症の予防及び感染症の患者に対する医療に関する法律）に基づく指定感染症に指定されたのは、チャーター機が第三便まで飛んだあとの二月一日だったので、それより前の段階では法律に基づく対応策の準備ができていなかったということかもしれません。

ただ、指定前でも方法はありました。武漢で飛行機に乗せる前に「日本に帰ることになりますが、帰国したら必ず検査をして頂きます」という条件を提示すればよかったのです。チャーター機の経費はのちに政府が全額負担するよう方向転換しましたが、当初は「八万円の飛行機代を払う」という誓約書にサインさせたうえで帰国させたといいますから、検査の義務づけも可能だったはずです。

政府も帰国者の隔離は必要だと考え、チャーター機で帰国した人には二週間、千葉県勝浦市のホテルなどに入ってもらうことにしました。ところが、第一便の帰国者の一部はなんと相部屋にさせられました。同居の身内ならともかく、赤の他人を相部屋にしてしまうなど、感染症対策では考えられません。担当者に感染症の知識が乏しかったのでしょう。

あとで聞いたところ、あのオペレーションを指揮したのは、感染症対策ではなくテロ対策の専門家だったそうです。つまり、日本人を武漢から救出することだけに意味があり、飛行機に乗せた段階で任務は終わりという認識だったのでしょう。感染症対策はそこからが大事なのに、お粗末な限りです。

十把一絡《じっぱひとから》げに論評するのは避けたいと思いますが、日本政府だけでなく、地方自治体の側も初期の段階では総じてのんびりしていました。

例えば、自民党の二階俊博幹事長が全国に呼び掛けて、自治体が災害用に備蓄しているマスクを中国へ大量に送りました。これ自体は日中友好ムードを醸し出すいい話なのかもしれませんが、のちに多くの自治体がマスク不足で苦労することになります。

愛知県豊川市は、友好都市の中国・無錫《むしやく》市の新呉区に、マスク四千五百枚や防護服を送りました。ところが、三月になって日本国内で感染が拡大すると、豊川市内のマスクが足りなくなり、市長が新呉区に「在庫が残っていたらマスクを返してくれないか」と情けないメッセージを送る事態になってしまいました。豊川市には結局、新呉区から〝十倍返し〟の五万枚が送られてきたので、それはそれでよかったのかもしれませんが。

他の自治体も、さすがに「送りすぎたので返して」とまで言ったところはなかったようですが、やはり「しまった」と思ったのではないでしょうか。善意の行動はもちろんあるべきだと思います。しかし、自治体の長はまず自分の地域の住民をどう守るかを考えなければなりません。余裕があったら海外に手を差し伸べてもいいでしょう。でも、それは自分たちの置かれた状況を確かめてからです。国内で蔓延した場合、目の前の備蓄量で足りるかどうかを点検もしないで送ってしまうのでは軽率の誹《そし》りを免れません。

私は、一月二十九日に武漢市から第一便のチャーター機が戻ってきた時点で、二〇一二年に成立した新型インフルエンザ等対策特別措置法を適用すればよかったと考えています。そうすれば蔓延防止のための対策が取りやすかったと思います。

同法は、制定時の条文のままでは新型コロナウイルスに適用できないと当時の安倍政権が判断し、のちに国会で改正されるのですが、条文をきちんと読めば、あの段階でも適用できたはずです。そもそも国会で改正された内容はほんのわずかでした。

なぜ、適用しなかったのでしょうか。

あの法律は民主党政権時代に成立した法律で、当時の自民党は制定に反対の立場でした。このためかつて成立の足を引っ張ろうとした法律をそのまま使うことに抵抗感があったのでしょう。要するに安倍晋三首相（当時。以下同）の面子《めんつ》の問題だったのかもしれません。

結局、国会で特別措置法の改正が成立したのは三月十三日。政府自民党流にいう「適用できる状態」になった時には、もう事態がかなり進行していました。

さらに、この法律に基づいた具体的な対策が決まったのは、中国の習近平・国家主席の来日が延期になり、東京五輪も延期が決まった後の四月になってからという、非常に遅いタイミングでした。

## 法的根拠のない休校要請に従った自治体

政府も手をこまねいていたわけではありません。しかし、法律に基づかない新型コロナウイルス対策が先行しました。法治国家として、あってはならないことでした。

最初に全国に大きな影響を与えたのは、安倍首相が全国の学校に対して行った「一斉休校」の要請です。

これには全く法的根拠がなく、そもそも総理大臣には休校を要請する権限がありません。安倍首相は「単なる願望を述べただけだ」と言うのかもしれませんが、影響力が大きい総理大臣があんなことを願望で述べてはいけないのです。結果として、全国の学校現場は大混乱に陥りました。

それまでの動きを整理しておくと、最初に日本政府の動きがあったのは二〇二〇年一月六日です。厚生労働省が「中国の武漢市で原因不明の肺炎が発生している」と注意喚起をしました。同十四日にＷＨＯが新型コロナウイルスを確認。同十五日にはもう、神奈川県で全国初の感染者が出ています。同三十日には、ＷＨＯのテドロス事務局長が、感染は中国以外でも拡大するおそれがあるとして、「国際的に懸念される公衆衛生上の緊急事態」だと宣言しました。武漢市への五便に及んだチャーター機派遣は、この前後のことです。

二月三日には、乗客に感染者がいたクルーズ船が横浜港大黒埠頭《だいこくふとう》沖に到着し、船内での感染蔓延が国際的な問題になります。同十三日には神奈川県で八十代の女性が亡くなり、国内で初めての新型コロナウイルス感染による死者確認となりました。

そして二月二十七日の木曜日、安倍首相が新型コロナウイルス感染症対策本部で「週明けの三月二日から全国全ての小学校、中学校、高校、特別支援学校について春休みに入るまで臨時休校にするよう要請する」と発言したのでした。

報道で見る限り、首相の「要請」について公の場で法的根拠を問い質《ただ》した人はいませんでした。

野党の政治家は「専門家の意見を踏まえたのか」などと国会で質問し、首相は「私の判断と責任だ」と答弁していました。このため「専門家には相談しておらず、科学的な根拠が乏しい要請だ」という批判はありました。

しかし、法的根拠も問うておかなければならなかったはずです。法治国家では、なんらの根拠もなく政府の権力者が、人々に義務を課したり、人々の権利を制限したりすることのないよう、権力者自身が法で縛られています。つまり、権力者は法的根拠もないのに「権力のようなもの」を振りかざしてはならないのです。にもかかわらず、安倍首相は超法規的な〝権力行使〟をしてしまいました。これは法治国家の基盤を揺るがしかねない暴挙でした。

実は安倍首相に影響を与えた動きがありました。

直前に行われた北海道の一斉休校です。春節に中国からの来訪者が多かった北海道では、感染拡大がいち早く進み、教員まで罹患《りかん》する事態となりました。危機感を抱いた鈴木直道知事が道教育委員会に一週間の一斉休校の検討を要請し、道教育委員会は二月二十六日に「翌日から道立学校を臨時休校にする」と決定したほか、道内の市町村教育委員会にも臨時休校の要請をしました。この対応については評判が非常によく、私は安倍首相が鈴木知事に嫉妬して自分も行おうと考えたのではないかと見ています。当時、政府のコロナ対応には見るべきものがなく、首相に対する風当たりが強まっていましたから。

安倍首相の動機はともかく、首相が一斉休校の「要請」をすると、ほとんどの知事がバタバタと休校を「決定」しました。

しかし、二〇〇〇年に地方分権改革一括法が施行され、国と地方の関係は対等になっています。総理大臣といえども、地方自治体を従わせるには法的根拠が必要でした。法的根拠がなければ、自治体側は「総理大臣、何の根拠があるんですか。根拠がないのなら単なる助言です。受け入れるかどうかは、私たちで判断します」というのが筋です。「助言」であるならば、検討したうえで聞き流す知事がいても何らの問題もない。「確かにそうだ。やったほうがいい」と考える知事がいても差し支えありません。それが地方自治の在り方です。しかし、今回はほとんどの知事がすぐに従ってしまいました。

こうした知事の態度はほかの問題もはらんでいました。実は、知事にも休校を決める権限はなかったのです。

公立学校の開校や休校について権限を持っているのは、学校設置者の教育委員会です。都道府県立学校は都道府県の教育委員会、市区町村立学校は市区町村の教育委員会です。

しかし、今回の一斉休校では教育委員会が教育委員会議を開き、主体的に決めたところは僅かだったようです。

教育長が、教育委員会議を開きもしないで、「今般、総理大臣から休校の方針が示されました。直ちに休校を決定します」と専決処分にしたところもありました。ここでいう専決処分とは、本来は教育委員会議の合議で決めるべきことを、会議を開く暇《いとま》がない時などに、例外的に教育長が単独で決められる仕組みです。今回のケースでは、会議を開く暇がなかったとはとても思えないのですが、多くの教育委員会ではこの例外的仕組みを採用していました。私は厳密に言って違法な専決処分だったと考えています。ともあれ、これだと教育長が一人で決めて、のちに開く教育委員会議で報告するだけとなります。

さらに、休校にするというなら、教育委員会自身が公表しなければならないのに、多くは知事や市長が発表していました。

何の権限もない首相が要請し、何の権限もない知事や市長が事実上の決定をする。もう完全に無法地帯でした。

それでは、どうすればよかったのでしょうか。まず、都道府県の教育委員会は知事に対して「勝手に決めるな」というべきでした。市区町村の教育委員会も「なんで知事が、市区町村の小中学校のことまで口を出さなきゃならないのか。大きなお世話だ」と突っぱねなければなりませんでした。そもそもの話として、教育委員会は日頃からどこまで機能していたのでしょうか。

文部行政ではよくあるのですが、文部科学省は自治体の教育委員会に直接ものをいってきます。そうした時に防波堤になるのは、本来は知事や市区町村長のはずです。少なくとも私が知事だった頃の鳥取県ではそうしていました。ところが今回は知事が率先して総理大臣や文部科学省に同調してしまいました。

そうした中で、都道府県では唯一、島根県が県立学校を休校にしませんでした。当時の島根県は、感染者の発生がゼロだったので、「うちは当面、大丈夫だと考えている。もし発生したら休校にする」という趣旨の発表を丸山達也知事がしていました。これは極めて常識的な判断だったと思います。

他にも、ごく少数の市町村が休校にしませんでしたが、ほとんどの自治体が何も考えないで首相の要請に従っていました。

それにしても、なぜこのような事態になったのでしょう。

私は二つの原因があると分析しています。まず、本来教育委員会の防波堤になるべきなのに大半の知事が法的な問題を論理的に考えることをしなかったからです。このため「首相が呼びかけたのだから」と単純に従ったのだと思います。

また、休校せずにあえて学校を開き続けた場合、もし校内で集団感染が発生したら、「それ見たことか」といわれかねません。無難にいうことを聞いておこうという保身の心理も働いたのでしょう。

結局、知事たちは責任を負いたくなかったのだと思います。

しかし、地域のことは地域で責任を持って決めるのが地方自治の大原則です。責任を持って決めたくない人ばかりでは、地方自治は成り立ちません。

知事の「無難な選択」が全国で蔓延した結果、子どもたちの教育を受ける権利は、ある日突然奪われてしまいました。

私はこのことが将来、禍根を残すのではないかと危惧しています。

子どもたちの学びへの影響が大きいからです。例えば算数や数学は、ある学年でここまで理解しておかないといけないというのが一つ飛んでしまうと、次の段階でつまずいてしまいます。そのつまずきは、学年を重ねても続いていきやすく、子どもの将来に大きな影響を及ぼします。

外国にはこんな研究結果があります。教員のストライキなどで教育が一定期間受けられなかった子は、大学の成績がある程度低かったり、生涯所得に大きな差が出たりするというのです。なのに、知事の保身で子どもの教育を受ける権利が奪われたとすれば、本当に情けない事態だと思います。

ところが、全国で一斉休校が行われた結果、安倍首相の支持率は上がりました。首相自身は「子どもの命を守るためだ」と発言していましたが、私は首相自身の支持率を上げるためだったと見ています。

それまで大問題になっていた首相主催の「桜を見る会」をめぐる疑惑も、この一斉休校のために吹き飛んでしまいました。

## 知事は独自の専門家チームを持て

こうした政府に付和雷同する知事の姿からは、一つの課題が浮き上がってきます。各知事の「自信のない対応」は、専門的な知識の乏しさの裏返しだとも考えられます。知事が自信を持って判断するにはどうしたらいいのか。日頃から都道府県単位で、自前の専門家集団を形成しておけばよかったのです。

これまで、新しい感染症としてはSARSだけでなく、中東呼吸器症候群（MERS）や、様々なタイプの新型インフルエンザが流行してきました。二〇一二年に新型インフルエンザ等対策特別措置法が制定されたのは、そのためです。

ただ、国内で流行した場合にも、地域によって様相は異なるでしょう。東京など人の密集した大都市と、島根県や鳥取県のような人口の少ない地域では事情が異なるのです。

都道府県には大学の医学部などもありますし、地方の病院にも優秀な医者がいます。地域事情に通じた専門家は各地にいるはずです。そうした人々をあらかじめ組織しておけばよりいいですが、今回の新型コロナウイルスが国内に入ってくるまでにはそれなりの時間があり、武漢での事態発生後に集まってもらうこともできました。

地域の専門家集団に意見を聞くと、国の専門家会議の見解に対するセカンドオピニオンが得られます。これをもとに考えれば、自信を持って地域の実情に合った感染症対策が実施できます。

一斉休校要請についても、「うちの県に必要だろうか」と地域の専門家集団に諮れば、「しっかり手洗いをする。ソーシャルディスタンスを取る。お年寄りのいる家庭では接触しないよう配慮する。そうして気をつければ、休校までしなくていい」などというような知見が得られたはずです。

私には鳥取県知事時代に専門家に助けられた経験があります。

県庁の防災部門が鳥取大学の地質学の専門家から、地震に関する知見を聞くようにしていました。

「鳥取県で地震が起きるとしたら」などのテーマを投げかけると、専門的な見地から様々なアドバイスをしてくれました。「鳥取県で次に大きな地震があるとすれば、県西部の米子市の南の方だ」とも教えてもらっていました。「いつ頃ですか」と尋ねると、「明日かもしれないし、十年後かもしれない。もしかすると三十年後かもしれない。しかし、百年後ということはなく、もっと前でしょう」と言われました。それから三カ月もしないうちに、予測どおりに地震が起きたのです。

二〇〇〇年十月六日に発生した鳥取県西部地震です。

地震の規模を表すマグニチュードは七・三、最大震度は六強を観測しました。震源地も、マグニチュードも、最大震度も、余震の動向まで、専門家のいっていた通りでした。


地震の少し前、専門家のアドバイスを受けて、県西部の米子市で防災訓練を行っていました。それまで毎年の防災訓練は東部の鳥取市で実施していたのですが、「せっかく先生が助言してくれたのだから、今年は米子でやろう」と会場を移したのです。

ただし、震源地の想定は米子市から県境を越えた島根県側においていました。専門家の予測通りにすると県民が動揺するのではないかと考えたのです。

しかし、こうして実地に近い防災訓練を実施していたことが、どれだけ役に立ったか。

私は、地元の専門家と連携しておくことが、いかに心強いか身に染みました。

感染症と地震は違うかもしれませんが、自治体は地元に根差した専門家を様々な分野で頼りにすべきで、その点では同じだと思います。

## 北海道知事の緊急事態宣言の問題点

首相が「一斉休校」の要請を行った翌日の二月二十八日、鈴木直道・北海道知事が今度は独自の「緊急事態宣言」を出しました。

北海道では一月二十八日に初めての感染者が判明して以来、全道に感染が広がっていた実態が明らかになっていました。集団感染のクラスターも発生し、同日までの感染者は六十三人と、全国でも突出した多さでした。

このため三月十九日まで週末の外出自粛などを道民に呼び掛けたのです。

しかし、首相の「要請」と同じく、この「宣言」にも法的根拠はありませんでした。ただ、同情すべきところはありました。原因は国の怠慢にあったからです。

新型インフルエンザ等対策特別措置法では、緊急事態宣言を出すのは国の役目です。にもかかわらず、前述した通り、政府はのんびり構えていて、そもそも改正しなければ法の適用はできないというスタンスでした。四月に予定されていた習近平・中国国家主席の来日と、東京五輪の延期がまだ決まっていなかったから、よけいに腰が重かったのでしょう。

ところが、北海道の感染状況は明らかに緊急事態宣言を発出する要件を満たしていました。感染経路不明な人が出るなどして、ウイルスが蔓延するおそれがあったのです。

鈴木知事はさぞや困ったと思います。そこで最終的に法的根拠のない「緊急事態宣言」を独自に出すという選択に至ったのでしょう。

それにしても、法的根拠のない宣言や要請は、どこまでなら許されるのでしょうか。「手を洗いましょう」とか、「今日出かけなくてもいいようなことなら、先に延ばしてください」と訴えるぐらいなら許容範囲だと思います。しかし、北海道の宣言にはかなり厳しい要請が含まれていました。外出自粛などの行動制限は人々の自由を奪うだけでなく、店舗の営業や企業の経営にも重大な影響を与えます。当然、経済は落ち込みます。これらを考え合わせると、知事が勝手に「こうしてくれ」ということには問題がありました。

もし私が北海道知事だったら、道議会を緊急招集して、独自条例を作ってもらったでしょう。「北海道緊急事態特別措置条例」です。「国が緊急事態宣言を出していない段階でも、こういう要件を満たす時には、知事が北海道版緊急事態宣言を発出することができる。宣言を出した場合には、知事は道民に対してこんな要請をすることができる」という簡単な数カ条の内容です。

そうしていたら、もっと自信を持って、堂々と道民への要請ができたはずです。

条例制定は形式的な「法的根拠」を求めるためではありません。

地域全体に対策を広報し、住民合意を取り付ける重要な手段でもあるのです。

まず、知事が条例案を議会に提出する段階で、マスコミが報道するので、広く周知されます。住民からは異論反論を含めて様々な意見が出るでしょう。そうした声を聞いたうえで、議員が議会で発言するので、甲論乙駁《おつばく》の審議となります。最終的に「やはり一定の制約は必要だろう。仕方がないな」という結論に至ることが大事なのです。

残念ながら、北海道の鈴木知事は「全道一斉の休校要請から続く一連の判断に際して、知事が道庁内や市町村長らと事前に調整した形跡はない」（北海道新聞社説）と報じられる状態でした。

唐突にポンと宣言を出して道民を驚かせ、「勝手に知事がやっている」と思われてしまったとしたら残念なことです。

日本では「お上意識」が強く、純朴な人々が為政者に従ってくれる風土があります。しかし、それでは長続きしません。「もうこれ以上自粛したら生活ができない」というギリギリのところまで追い詰められた時、人々には「なんで従わなきゃならないのか」「いつまで我慢しなければならないのか」という疑念が生じます。

そうした人々が「お上の言うことにどんな根拠があるのか」と考え始めたら、「なんだ、何もないじゃないか。勝手にあいつらが言っているだけじゃないか」と気づいてしまいます。そうなったらもう感染症対策は崩壊します。「異論反論はあるけれど、みんなで我慢しようと決めたのだから」という筋道が大切なのです。その過程があった方が、踏ん張る力が強いはずです。お上から言われただけで、「やらされ感」しかなければ、当事者意識は生まれません。感染拡大の第二波、第三波が訪れたら、経営の厳しくなった事業者はどこまで従ってくれるでしょう。その時に、議会で議論するという過程の重要さがわかるのではないでしょうか。

これが「法治国家」の本当の意味合いです。

しかし、鈴木知事の独断は、英断と呼ばれました。

安倍首相も、若い知事の人気にあやかろうとしたのだと思います。

こうしたことから、法的根拠がないことをリーダーが行うと、皆が快哉を叫ぶという構図が生まれていきました。

私は、鈴木知事は危ない橋を渡っていると思いました。企業や店が倒産して、北海道が訴えられた場合、道庁は負けるおそれがあります。そうなったら住民監査請求や住民訴訟で「知事が議会にも諮らずに勝手な要請をし、違法な行為によって道が損害賠償せざるを得なくなった。これはひとえに知事の責任だから、あなたが弁償しなさい」と追及されるかもしれません。法的根拠のない独断という英断は、危ない橋との背中合わせなのです。

## 感染症対策を知事が行う理由

感染症対策はそもそも誰が行うのでしょうか。

新型コロナウイルスの場合、新型インフルエンザ等対策特別措置法（以下適宜、特措法とする）で定められています。まず、国が基本的な対処方針を定め、事態の推移によっては緊急事態宣言を出します。その宣言のもとで、都道府県知事が一定の期間、一定の区域で、私権の制限に及ぶ権限を行使したり、その他の権限を行使できたりするという仕組みになっています。

疑問に思われるのは、市町村の扱いです。あくまで中心になるのは都道府県です。一般に都道府県なみの権限を持つと言われることの多い政令指定都市も、感染症対策では県の下請けの役割しかありません。

これは感染症予防の分野が、明治時代以来の体系を持っていて、その頃から都道府県の仕事だったからです。かつての衛生部門は広い意味での警察行政としてとらえられており、それは都道府県が専管していました。現場を担う保健所も都道府県の組織でした。今でこそ東京都内では八王子市や二十三の特別区が都に替わって保健所を持つようになっていますが、これは地方分権改革の結果です。

こうした現状に不満を持っている政令指定都市もあるようです。例えば、京都市は「市民を守るのだから、もっといろんな仕事をやらせてほしい」という意識を持っていて、市民からも「市長は何をやってるんだ」という批判も出ていたようです。

特措法に基づく緊急事態宣言は、対象エリアを市町村単位、あるいはそれよりさらに狭い区域にして出すことができる仕組みになっています。

今回の新型コロナ対策では、政府の宣言が都道府県単位で出されたので、都道府県が対策を行ううえでの最小の単位のように思われていますが、実は違うのです。その点、政府のやり方は少し粗《あら》っぽかったのではないでしょうか。

東京都にも奥多摩の山間部の町村や、大島、八丈島などの伊豆諸島、小笠原群島といった島しょ部があり、これらの地区を外して宣言を出してもよかったのです。

明治以来、都道府県主義で感染症対策が進んできたのは、市町村が小さかったという背景もあったのでしょう。今でこそ市町村の数は合併で千七百強まで減りましたが、戦前は一万を超えていました。

感染症が蔓延しやすいのは人が密集している都市部です。城郭都市のようになっている西洋と違い、日本では都市と郊外の線引きが明確になされていません。市街地がだらだらと農村部に続いている場合が少なくありません。このため、あまり小さな市町村だけで感染症対策をしても効果はありません。もっと平面的、かつ広域的に対策を行わないと効果がないのです。

ただ、政令指定都市は成熟してきましたし、合併で面積がかなり広くなっています。感染症対策の主体は見直されてもいい時期なのではないかと感じます。政令市と知事とが協議するような仕組みを作るなど、改良の余地はあると思います。

というのは、知事がやるとどうしても都道府県一律になってしまいがちだからです。学校の休校要請も全域に対して行いました。しかし、京都府でも日本海側の伊根町《いねちょう》は三月の段階では感染者が出ていませんでしたから、「なぜうちが休校しなければいけないんだ」

と開校し続けました。

話が先走りますが、政府の緊急事態宣言は何段階かに分けて解除されました。まず五月十四日に三十九県で解除され、関西圏の大阪府、京都府、兵庫県が解除されたのは一週間後の五月二十一日でした。

京都や兵庫を解除しないで残していたのは、大阪と隣接し、人の行き来が頻繁だからでしょう。しかし、京都府や兵庫県には日本海側の地域があり、「阪神間」といわれるような大阪と深いつながりがある都市圏とは違います。感染状況も異なっていました。経済や暮らしへの影響を考えるなら、きめ細かく地域を指定したり、解除したりした方がよかったと思います。国にそういう定見がないならば、知事から要請すべきでした。

そもそも、今の都道府県の区域は、感染症対策の観点から区分けされているわけではありません。歴史的経緯もあって、便宜的に県境が引かれている区域もあるので、人の動きや流れとは必ずしも一致しません。感染症対策を都道府県単位で行う科学的根拠は乏しいのです。この点は国にも都道府県にもよく理解されていなかったと思います。

一つの県となるに当たって、歴史的必然性が見えない県もあります。例えば静岡県です。

同県には伊豆と駿河と遠江がありますが、人の流れからすると、伊豆は東京圏に近いかもしれない。伊豆長岡、熱海、伊東といった地区の感染症対策は神奈川県と同じように扱った方がよかったのかもしれません。にもかかわらず、愛知県とつながりの深い西部の浜松市まで、一つの県として同じように扱われることになります。これには釈然としないところもあります。

ちなみに江戸時代の伊豆は、現在の静岡県伊豆の国市にあった韮山《にらやま》代官所の管轄でした。韮山代官所は相模国や武蔵国も管轄し、東京湾のお台場も造りました。江戸市中は幕府直轄でしたが、そうでないところは韮山代官所が管轄していたのです。こうした歴史的背景を無視して静岡県にしてしまったので、一つの県としての明確な必然性はなさそうです。

ともあれ、感染症の流行地域と都道府県の区域には合理的な関係がなく、しかも特措法でも、わざわざ市町村単位で緊急事態宣言が出せるようにしてあるのに、今回はどういうわけか、市町村単位で宣言を出したほうがよいという発想は、政府にも、都道府県にも、マスコミにもなかったようでした。

では、どのエリアで感染症対策を行えばいいのかというと、保健所単位では小さすぎます。例えば東京都港区は単独の保健所を持っていますが、港区だけで感染症に対処するには限界があります。

そもそもの話として、保健所制度は今、過渡期にあると思います。全国を一定の基準で区分けして配置するという形にはなっておらず、都道府県が原則ですが、指定都市や中核市、さらに東京都の特別区ではこれらの自治体が設置することになっています。

保健所が受け持っている仕事のうち、身近な生活習慣病対策や健康づくり、子育て、高齢者の介護予防などは、市のエリアで行った方がむしろ望ましいでしょう。しかし、感染症対策は複雑で広域にわたるので、指揮権は別に考えた方がいいと思います。感染症は結局、その時々の実態に合わせてエリアを判断するしかないのではないかと考えています。

ただ、市や特別区に設置された保健所の中には「自分たちが対策を行っているのに、県が全部やっているようなことをいう知事はけしからん」と反感を持っているところもあるようです。ＰＣＲ検査やクラスターの追跡調査を行っているのは保健所なのに、知事が、全部県がやっているようなことを記者会見でいうのはおかしいということなのでしょう。知事も「市の皆さんの尽力によって」などと、ひとこと言う配慮があってしかるべきです。

その点、和歌山県の仁坂吉伸知事は「これは和歌山市の保健所でトレース（追跡）された結果なのですが」などと、現場への配慮もしていたようです。

今回の新型コロナ対策では、普段からの政治的な対立や因縁、意地の張り合いが特措法の運用に影響した面があります。

政府が最初に七都府県に緊急事態宣言を出した時、愛知県は対象にされませんでした。愛知県の大村秀章知事はあっけに取られて「うちはどうなったのか」といっていましたが、あれは「あいちトリエンナーレ2019」で企画された「表現の不自由展・その後」展の問題があったからではないかといわれています。展示内容が右派勢力から攻撃され、文化庁は補助金を全額は交付しませんでした。

政権の人たちは、宣言から外された愛知県がべそをかき、「うちにも出してください」と大村知事が政府へ陳情に来るとでも考えたのでしょうか。ところが、大村知事は「じゃあいいです。自分たちは独自の宣言を出します」と決めました。

これに合わせて岐阜県も独自の緊急事態宣言を出します。

政府は少し慌てたはずです。「政府がそんな態度ならいい。もう勝手にやりますから」といわれるのが一番困るのです。やっぱり頼ってほしいのです。

いずれにせよ、このような思惑ありげな政府の対応は、感染症対策としてあってはならないことで、お粗末な印象を免れませんでした。

こうした騒ぎを見ていて、政府で采配をふるっている政治家のピント外れにはあきれました。明らかに対応能力が不十分でした。一方、現場で責任を持っている知事はやるべきことをやらなければなりません。国のピントが外れているからこそ、知事がどんどんクローズアップされていき、現場を踏まえた対策や発言で知事が目立ってくるのです。

そうした姿に幕末を思い出しました。幕府が右往左往してどうしようもない時に、地方の藩の行動が目立ちました。それと同じ現象が今回起きたのではないかと思います。

## 都道府県の「行動計画」が機能しない理由と背景

新型インフルエンザ等対策特別措置法では、感染症の流行前から国や都道府県が「行動計画」を作っておくよう定められています。日頃から身構えておく仕組みです。

しかし、どれくらい本気で構えていたかというと、大いに疑問があります。

「行動計画」は都道府県ごとに策定済みだったとは思います。しかし、一般にこの種の計画はだいたい国からひな型が流れてくるのが通常です。それをなぞって無難な形に仕上げ、国に提出するというようなことが横行してきました。

一例を挙げると、DV防止法（配偶者からの暴力の防止及び被害者の保護等に関する法律）ができた時に、都道府県や市町村は基本計画を策定するよう定められました。

法が制定されたのは、私が鳥取県知事の一期目だった二〇〇一年です。私は知事就任後、DV防止対策に力を入れていましたが、法律ができたので、あらためてちゃんとした計画を作ろうという話になり、大学や児童相談所、男女共同参画センターやNPO法人などの専門家に集まってもらい、いちから積み上げて計画にまとめました。

それを発表したところ、厚生労働省の担当者がほしいと連絡してきました。この担当者は鳥取県の計画をなぞってモデルを作り、全国に配ったようです。すると、全国の計画の多くが鳥取県の計画によく似たものになってしまったということがありました。

災害分野の計画には、全国の自治体で定められる「地域防災計画」があります。私は初出馬した時の公約で「地域の安全・防災」を大きな柱にしていたので、まず地域防災計画の点検から始めました。

というのも、就任四年前の一九九五年に阪神・淡路大震災が発生し、兵庫県知事の初動対応が遅れるなどしたため批判がありました。そうならないよう、就任後すぐに行動を開始したのです。

これにはスタッフが必要なので、片腕になってくれる人を庁内で探したら、生活環境部消防防災課の防災係長だということが判明しました。しかし、係長が最高位の体制では計画の点検どころか、防災対策そのものが進みません。そこで、部次長級の防災監というポストを新設しました。

地域防災計画の点検を始めると、このままでは使い物にならないことが直ちに判明しました。なぜならば、昭和三十年代に策定されたままだったのです。しかも、国に提出するために作られたとしか考えられない内容でした。

例えば地震が発生した時、県が被災地の避難所に食糧として精米を持っていくという計画になっていました。避難所は市町村が開設します。米は県庁が農水省鳥取農林事務所から調達するというシナリオでした。しかし、精米を持っていったとしても、電気やガス、水道が止まっていたら意味がありません。飯盒《はんごう》で炊いていた時代ならともかく、今や飯盒そのものがありません。どうしようと頭をひねった結果、弁当・仕出しの業界団体と協定を結び、避難所用に作ってもらった弁当を県がヘリコプターで運ぶという方式にしました。

なかには計画が想定していないこともありました。阪神・淡路大震災では柩《ひつぎ》の調達に苦労したと聞いていたので、鳥取県内の状況を調べてみました。葬祭業者に尋ねると、「在庫はそんなにない。県外からなら、ある程度調達できる」というので、あらかじめその体制を組んでおいてもらうようお願いしました。

避難所となる体育館のトイレは、断水したらすぐに詰まってしまいます。仮設のトイレが必要になるので、いざという時には建設業協会から借りることにしました。

こうした点検や見直しが、鳥取県西部地震が起きた時にはとても役立ちました。

国への提出用の地域防災計画を作成し、そのままにしていたのは、熊本県も同じだったようです。

二〇一六年に熊本地震が発生した時、同県はかなり苦労されていました。地域防災計画はどうなっているのか、インターネットで調べてみたら、改定前の鳥取県の計画とほぼ同じでした。九州農政局から米を調達して持っていくとなっていました。

この種の法律で義務づけられた計画の場合、国の標準モデルをなぞって作り、その後は改定しないのが通例です。チェックは庁内のほか監査委員や議会もやったらいいのですが、これも機能しているとはいえません。

今回の新型コロナウイルス対応でも、特措法で定められた計画づくりの段階で、地元の専門家らと具体的な想定をしながら検討し計画作成に当たっていたら、マスクの備蓄やPCR検査などの準備で、また違った対応になったのではないかと思います。

ただ、疫病対策を含む保健行政は、多くの知事にとっては不案内な分野です。もっといえば厚生労働省、特に旧厚生省の行政分野には総じて明るくないのです。そんなこともあって保健所や衛生研究所といった組織にはなかなか光が当たりません。ハード系の工事で道路ができた、建物ができたというと世の中に目立ちますが、地味で目立たない保健衛生行政には関心を持たない知事も少なくありません。

こうした分野で知事が国の指示待ちになりがちであるのには、そんな背景もあるのです。そうした情けない構図が、今回のウイルス対策では随所に見えました。

しかし、国のいう通りにしていたからといって、うまくいかないと自治体側も分かってきました。尻に火がついて頑張る知事が増えたのです。

# 第二章　法的根拠を欠いた知事の自粛要請

## 五輪優先の東京都は対策に遅れをとった

二〇二〇年の二月から三月にかけて、国内の新型コロナ感染者数が増えていきました。東京など都市部を中心にして感染が広がっていったのです。

しかし、これまで述べた通り、本来しておかなければならなかった準備はあまりなされていませんでした。

最も神経をとがらせておくべきだった東京都も、小池百合子知事の動きは鈍く、安倍晋三首相（当時。以下同）と同じく感染症に対する認識は薄かったようです。

やはり東京五輪優先だったのでしょう。東京都は三月二十四日に東京五輪の一年間延期が決定されるまで、ほとんど表立った対策をしていませんでした。小池知事が突然前面に出て、馬力がかかったのは、五輪延期決定の直後です。このため初動が遅れたことは否めません。

それを象徴するような事例があります。二月中旬に屋形船でクラスターが発生しました。

東京都は当初、屋形船が感染源だと示唆していました。屋形船に乗った中国人観光客から従業員にうつり、集団感染につながったと見ていたようです。ところが、その推論には根拠がなく、結局感染経路はわからずじまいだったようです。

この事例でわかるのは、帰国者や海外からの来訪者にだけ気をつけていれば大丈夫だという意識が、東京都の担当者の中にあったということです。このため中国人観光客が原因だと思い込んでしまったのでしょう。

こうした傾向は厚生労働省の職員も同じで、帰国者とその濃厚接触者にだけ気をつけていれば大丈夫だという意識があったようです。「帰国者・接触者相談センター」は同省の指示で今も各保健所に設置されていますが、「帰国者」というネーミングが示す通りです。

このため帰国者・接触者相談センターに「発熱した」と申し出ても、「あなたは武漢に行きましたか？」「行っていません」。「武漢から帰ってきた人と接触しましたか？」「していません」。「それなら検査対象ではありません」というようなやりとりの末、多くの感染者が放置されたままになったはずです。

しかし、屋形船の事例でも分かるように、二月の段階から経路不明の感染が市中で広がりつつあったのです。

二月中旬には、神奈川県相模原市の病院でクラスターが発生していました。千葉県から東京都港区の会社に電車で通っていた人も、発症前の二週間以内に海外渡航歴はないのに感染していたと分かりました。

集団感染や経路不明の感染者が出ていたのに、東京都や国はのんきに構えていました。新型インフルエンザ等対策特別措置法では、緊急事態宣言を出すタイミングは、感染経路不明の人が出たかどうかが重要なポイントです。条文を素直に読めばそう取れます。そうした意味では二月中旬の段階で、宣言を出しておかなければなりませんでした。

しかし、政府は緊急事態宣言を出したくなかったのでしょう。理由は第一章で述べた通り、東京五輪の開催と習近平・中国国家主席の来日です。結局、あれよあれよという間に、東京など都市部の病院のベッドは空きがなくなり、医療崩壊寸前にまで追い詰められていきました。


感染症予防については、外国からウイルスが流入するのを食い止める水際対策は国の役割です。しかし国内で感染が始まってからは都道府県の仕事です。

屋形船と同時期に病院でクラスターが発生した和歌山県では、「三十七・五度以上の発熱が四日以上続いた場合に検査するという国の基準では県民を守れない」と仁坂吉伸知事が判断し、徹底したＰＣＲ検査を行って感染拡大を抑えていきました。東京都の小池知事もそうしなければならなかったのですが、国の基準に従うだけだったため、ウイルスの拡散を許してしまいました。小池知事はのちに別の案件で都独自の施策が通らなかったことから、「私は社長だと思ったら中間管理職だった」と、国への嫌味を言っていましたが、実際には初動の段階から「社長」としての役割を果たしていませんでした。

そうした態度がいきなり変化したのは東京五輪の延期決定直後のことです。小池知事からすれば、東京で感染拡大していたことを公に発信してよくなったということなのでしょう。

「都市の封鎖、いわゆる『ロックダウン』など強力な措置を取らざるを得ない状況が出てくる可能性がある」などと発言して、メディアの注目を引き寄せていきます。さらに、「三密」を避けようなどと訴える東京都提供のテレビCMに自ら出演していました。

ちなみに、わが国の現行法では都市封鎖はできません。可能なのは、緊急事態宣言が出された時の外出自粛要請や、一定の範囲内での営業自粛要請、イベント開催中止の要請ぐらいです。あとは、医薬品を買い占めしたり売り惜しみしたりしている人への売渡し要請ができ、中国の武漢市に建設されたような臨時病院を設けるため、所有者の同意がなくても土地を使用できる権限があります。しかし、都市封鎖やそのための交通を遮断する権限はありません。

小池知事は意図してかどうか分かりませんが、刺激的で浸透度の高い言葉を使いたがります。その場合、現実に可能かどうかは問題ではないのでしょう。

小池知事は二〇一六年の初出馬の都知事選で「私が知事になったらまず議会を解散する」と公約でうたいました。しかし、地方自治法には定めがあり、都知事は勝手に都議会を解散できません。議会から不信任決議をされない限り、解散できないのです。

ロックダウン発言も、これに似た使い方でした。

ただし、小池知事は「ロックダウンする」とまでは断言しませんでした。「ロックダウンをしなければならないような事態になったら困るので、皆さん気をつけましょう」と、小池流のオーバーな表現をしたのです。

テレビを中心にロックダウンされたらどうなるかという特集が相次ぎましたが、真に受けて騒ぎ立てたメディアの側にも問題がありました。

小池知事は言葉でいかに自分を目立たせるかに腐心しているのだと思います。テレビのニュースキャスターだっただけあって、言葉の威力を知っているのでしょう。目立つためには言葉が重要だと分かっているから、人一倍、強い言葉を使いたがるのだと思います。

しかし、ウイルスは言葉では駆逐できません。言葉でいくら演出しても、ウイルスには通用しないのです。感染は東京を中心に全国で広がっていきました。

のんびり構えていた政府や都道府県は、事態を後追いするしかありませんでした。

そうした時に行われたのが、政府主導による法律違反の施策でした。特措法の条文を政府が誤って解釈したため、全国の知事が違法な自粛要請に乗り出していったのです。

特措法は、まだ流行するかどうか分からない段階でも、どこかで感染者が発見されたら、政府や都道府県が対策本部を作るよう定めています。感染の発生頻度が高くなり、感染経路が不明な人が出てきたら蔓延の兆候です。この段階で政府は必要な地域に緊急事態宣言を出します。宣言を受けた地域の都道府県知事は、限られた期間、一定の権限行使ができるようになります。外出や営業の自粛要請です。

これは法の制定時、謙抑的なしくみとして考えられた内容だと思います。感染の拡大を抑えるため、知事にはある程度の権限を与えたのですが、無制限にではなく、緊急事態宣言下でという制約を設け、人権に最大限配慮しようとしたのです。その意味ではバランスの取れた法律体系になっているとの印象を持っています。

しかし、緊急事態宣言が出ていなくても、知事は権限を行使できると解釈を変えてしまったらどうでしょう。知事はいつでも誰にでも自粛要請できることになってしまいます。法律にそのようなことは書かれていないのですが、政府は誤ってそう解釈して、違法な対策を横行させました。

## 誤った解釈で知事は何でもできるように

この違法対策を行うよう明言しているのが政府の「基本的対処方針」です。特措法では、政府が対策本部を設置したあと、基本的対処方針を定めるとされています。政府がどんな対策をするかが書き込まれるのです。第一波の感染拡大では、緊急事態宣言が出される少し前の三月二十八日に発表されました。

この基本的対処方針には、知事が緊急事態宣言下で行う自粛要請だけでなく、緊急事態宣言が出ていなくても自粛要請ができるという解釈が盛り込まれました。

その根拠とされたのは、特措法第二十四条九項でした。

少し専門的になりますが、極めて大きな問題なので、あえて詳しく説明します。

この条項はそもそも知事が住民や事業者に対して行う要請に関する規定ではありません。都道府県が対策本部を組織するための規定です。

いざ国内で感染者が出たら、政府や都道府県が対策本部を設けるよう規定されているのは、既に述べた通りです。都道府県の対策本部では、知事が本部長になり、副知事や教育長などいくつかの職にある人が加わります。しかし、県庁内の人だけでは陣容が手薄になってしまいます。そこで他の地方機関や、外部の人にも入ってもらうように要請できると、法律には書かれています。

これが第二十四条の趣旨で、その九項では、「都道府県対策本部長（知事のことです）は、当該都道府県の区域に係る新型インフルエンザ等対策を的確かつ迅速に実施するため必要があると認めるときは、公私の団体又は個人に対し、その区域に係る新型インフルエンザ等対策の実施に関し必要な協力の要請をすることができる」とされています。

条文を前後の文脈から素直に読めば、都道府県の医師会や地元の大学の感染症の専門家などに加わってもらい、対策本部の体制を強化するための要請だとわかります。ところが、政府は条文の後半半分の「公私の団体又は個人に対し、その区域に係る新型インフルエンザ等対策の実施に関し必要な協力の要請をすることができる」という部分だけ抜き取り、誰にでも何でも要請できると解釈してしまいました。

この種の行政関係法には、組織法と作用法があり、一つの法律に両方の内容が盛り込まれていることが少なくありません。

地方自治法もそうです。組織法としては、市町村には首長と議会があり、その組織をどうするべきかが書かれています。難しくいえば「行政機関の権限、所掌事務、構造」などです。作用法では、議会が条例を制定して税をどうするとか、住民に影響を及ぼす行為について定めます。

特措法で、第二十四条はこのうちの組織法の部分です。作用法の部分については第四十五条で定められています。緊急事態宣言が出た後、そのエリアの中で行う知事の自粛要請などです。

つまり第二十四条は組織法で、知事はいざという時のために対策本部を立ち上げ、都道府県庁以外の「公私の団体又は個人」に協力を求めることができると定めただけなのです。この規定で休業要請ができるなどというわけがありません。

ただ、条文の文章としては、必ずしも正確な表現ではありません。前後の文脈と関係なく、一部だけ切り取って勝手な解釈をする人が出てきかねないからです。これは二〇一二年の法制定時にパンデミック（感染症の世界的大流行）の経験がなかったからではないかと思います。条文を書いた担当者に具体的なイメージが湧かなかったのでしょう。この条文は国民の権利制限に関する規定ではなく、どうせ都道府県の対策本部の話だからというので、厳密な書きぶりにしなかったのではないかと推察しています。

誤って読まれかねない理由は他にもあります。第二十四条が「都道府県対策本部長の権限」についての定めだと書かれているからです。しかし、これは知事が都道府県庁以外の組織に対して「誰々を派遣してください」と依頼する権限です。同条には、知事が国に対して調整を要請したり、情報の提供を求めることができるとか、市町村とのことは知事が調整できるなどとも書かれていて、これも組織上の権限です。

ざっくばらんに言うと、第二十四条九項は、「対策本部に協力してもらえませんか」と誰かに声かけする程度の内容なのに、権限という言葉だけを抜き出して、知事が前提条件なしに誰にでも何でも要請できるような解釈を政府がしていたわけです。これが今回のコロナ対策全般に大きな影響を与えました。

## 「逐条解説書」を金科玉条にした間違い

それにしても、誰がこのような無茶苦茶な解釈を言い出したのでしょう。

私も疑問に思っていました。ある時、自民党で新型コロナウイルス関連肺炎対策本部の本部長を務める田村憲久・元厚生労働大臣（当時。現厚労大臣）と話をする機会があり、「政府の解釈は間違っていますよ。第二十四条九項は都道府県対策本部の陣容を強化するための要請であって、休業要請の根拠にはならないはずですよ」と申し上げたら、「えーっ。でも、コンメンタール（逐条解説書）に書いてありましたよ」と目を丸くされていました。

逐条解説書とは、制定された法律について、条文ごとに詳しく意義や要件などを書き込んだ解説書です。

不審に思って探したところ、確かにありました。特措法が制定された翌年の二〇一三年刊行の『逐条解説　新型インフルエンザ等対策特別措置法』（中央法規出版）で、同書には第二十四条九項について「緊急事態宣言前においても、学校、社会福祉施設等での文化祭等のイベントを延期することや施設の使用を極力制限することなど、感染対策を実施すること等の協力を要請すること等を想定している」などと書いてあります。

おそらくこれに官僚や政治家が引っ張られてしまったのでしょう。

執筆者は「新型インフルエンザ等対策研究会」とされていますが、政府の役人がよくやる手で、担当部署の裏組織です。

法律が制定されると、担当課が研究会などという架空の組織の名前を名乗り、条文ごとの解説を書きます。職員は割り振られたパートを分担して書くだけで、論文のような査読（専門家による審査）はありません。しかも、だいたいは制定から一年以上経過してから書かれるので、制定時の職員が異動してしまっていることもあります。だからうっかり間違った解釈がまかり通ってしまうのです。

意地悪い見方をすれば、政府の役人側にも下心があり、第二十四条九項で何でもできるとしておいたほうが便利だと、故意にああした解説を書いたのかもしれないですね。

一方、都道府県庁にも、法制担当とか文書担当と呼ばれる法律の専門家がいて、新しい法律については法的な検討をしたうえで施策化しますが、そうした担当者が頼りにするのも逐条解説書です。

逐条解説書の中には当てにならない記述も紛れ込んでいて、決してうのみにしない方がいいのですが、一般には権威があると信じ込まれています。このため、全国に誤った解釈がまきちらされてしまいました。

ところで、第二十四条九項に基づくとされる知事の要請は、単にこの条文に「必要があると認めるときは、……することができる」と書かれているだけなので、前提条件がありません。

本来の対策が書いてある第四十五条には、様々な前提条件があります。

まず、政府が緊急事態宣言を出さないことには、外出や営業の自粛要請はできません。しかも、営業自粛要請ができる施設は、学校、社会福祉施設、興行場が例示されているほか、施行令で細かく決められています。

こうして並べて見ると、非常に大きな問題が見えてきます。

政府のいうところでは、ウイルス対策で知事が行える要請には二種類あり、第一段階が第二十四条九項だというのです。いつでも、誰に対してでも要請できます。ところが、本格的に緊急事態宣言をした後だと、第四十五条が根拠になるので、要請の対象が限られてしまいます。

こんなことがあり得るのでしょうか。宣言をしない方が、広く制限をかけられる。このような逆転が起きるなどということは、法の解釈を誤っている証拠です。

新型コロナウイルスの流行が始まった時、特措法の改正論議では「私権の制限につながるから慎重にすべきだ」という意見がでて、与野党とも異論はありませんでした。メディアも同じ論調でした。なのに、いざふたを開けてみたら、緊急事態宣言を出す前から、知事は自由に私権を制限できてしまうというのです。こんなバカな話はありません。

これについては、さすがに政府もしまったと思ったようです。

法律の知識やリーガルマインド（法適用に必要な的確な判断）のない人たちの誤った解釈が既成事実化されて、知事の権限があまりにも大きくなりました。何でも規制できるとなったら、何をやらかすか分からない知事もいるなどと心配したのかもしれません。そこで少し制約したほうがいいと考えたようです。具体的には、政府の基本的対処方針で縛ろうとし、知事の権限行使は「国に協議の上」行うという文言が急に入れられました（四月七日改正）。

法解釈の誤りを、こうした手法で縛ろうとするのも、また誤りです。

知事が本当にできる営業自粛要請の対象は、特措法の第四十五条に書かれています。先にも述べましたが、法律の条文には学校、通所か短期間入所の社会福祉施設、興行場が例示されています。

他にも「政令で定める多数の者が利用する施設」とされていて、施行令では保育所、劇場、映画館、演芸場、集会場、展示場、物品販売業店舗（生活に欠かせない物品の売り場は除く）、宿泊施設（集会の用に供する部分に限る）、体育館、水泳場、ボーリング場、博物館、美術館、図書館、ナイトクラブなどの遊興施設、理髪店、自動車教習所、学習塾などとされています。ただし、建物の床面積の合計が千平米を超えるものに限るともされています。

千平米超の施設はそんなに多くありません。国は法制定時、私権の制約には謙抑主義というか消極主義だったのだと思います。人権や暮らしが成り立つかどうかを考えたのでしょう。

しかし、感染症対策の場合、実際には小さくて狭い場所でも規制しなければなりません。政令では、千平米以下の施設でも、営業自粛要請を行うことが特に必要なものは厚生労働大臣が定めて公示するとされています。

本当はこのたびも、国は各都道府県知事から、千平米以下の施設のうち、営業自粛を要請しなければならない施設を具体的に聞き取り、それを元にして厚生労働大臣が公示するというやり方を取ればよかったのに、と思います。

こうしたやり取りを通じて都道府県から現場の実情や課題が国に伝えられ、同時に国と都道府県との間の意思疎通や信頼関係が醸成されることにつながったのではないかと思います。

さらに、国と都道府県とが「協議」という外からは見えない場で営業自粛を要請できる業種が決まるよりは、法令にのっとった大臣の公示で明示的に決まった方が、関係の事業者の納得も得られやすかったのではないでしょうか。

法令に基づき、現場の必要に応じて営業自粛の対象を広げていくという賢明なやり方をなぜしなかったのか、不思議でもあり、残念でもあります。

## 異様だったパチンコ店の見せしめ公表

知事の休業要請を巡っては、パチンコ店で従わない店舗が続出し、懲罰的な店名公表が大きな話題になりました。

実は、この店名公表も法の誤った解釈から起こった問題だと思います。

特措法第四十五条に「公表」の規定はあるのですが、必ずしも店名を公表する定めではなかったのです。ところが、違法解釈による店名公表が相次ぎ、「自粛警察」と呼ばれる人々が店に押しかけるなどして騒動になりました。

「公表」への流れは、政府の基本的対処方針に記載されています。第一段階で第二十四条九項に基づく自粛要請をし、正当な理由がないのにそれに応じなければ、第二段階として第四十五条に基づく要請や指示をします。その場合、これら要請や指示の「公表」を行うとしました。これが違法公表を誘導しました。

最初に店名公表に踏み切った大阪府はまさにこの通りに実行したのです。

まず、第二十四条九項に基づくとして、府内の全パチンコ店に営業自粛を要請し、いうことを聞かない店に対しては第四十五条に切り替えて要請・指示をしました。それでも聞かなかった店舗は名前を公表しました。

しかし、これまで述べてきたように、第二十四条は自粛要請を定めた条項ではなく、事業者に要請する場合は、第四十五条に基づかなければなりません。しかも、同条の定める「公表」は違った形の公表を定める規定でした。

特措法第四十五条によると、非常事態宣言が出された時は、知事が営業自粛などの要請ができるとされています。これは既に述べた通りです。その場合、正当な理由がないのに応じなければ、指示することができます。これらの要請や指示をした時には、「遅滞なく、その旨を公表しなければならない」と定められています。

ここでいう「公表」とは、私権の制限に当たる要請や指示をしたのであれば、こっそりやらないで、内容を直ちに公表しなさいという意味です。知事が要請や指示をしたことで、人権侵害となっていないかどうかをチェックするという観点も含めて、知事自身への情報公開を迫る規定です。

特措法の第五条には「国民の自由と権利が尊重されるべきことに鑑み、新型インフルエンザ等対策を実施する場合において、国民の自由と権利に制限が加えられるときであっても、その制限は当該新型インフルエンザ等対策を実施するため必要最小限のものでなければならない」と定められていて、私権を制限する場合にも基本的人権を尊重するよう求めています。

となれば、権力者である知事が第四十五条を使って度を越した私権制限を行っていないかどうか、われわれ国民はチェックする必要があります。そのために「遅滞なく、その旨を公表しなければならない」として、知事に即座の公表すなわち情報公開を求めているのです。「その旨」とあるのは、要請や指示をした内容であって、必ずしも対象者の氏名を意味しません。

大阪府の吉村洋文知事は「私は公表しなければならないと義務づけられています。だからパチンコ店の名前を公表します」といっていましたが、公表を義務づけられているのはパチンコ店の名前ではなく、知事が何をしたかでした。

それが全く逆の読み方になってしまい、今もまだ正されていません。人権を守るため、知事に情報公開を義務づけた規定なのに、これを逆手に取ってパチンコ店にいうことを聞かせるツールに使っているのです。

マスコミが疑問に思わないのも不思議ですが、パチンコ業界を血祭りに上げるような世論形成に結びついていったのは非常に残念でした。

ただ、この騒動が吉村知事の人気を押し上げたように思われます。それを横目で見ていた他の知事も争うようにしてパチンコ店の違法な店名公表に踏み切っていきました。

ところで、もし懲罰的に事業者名などを公表するのであれば、法律は別の書き方になります。

勧告をして、従わなければ公表できる、というのが標準的なスタイルです。この場合は「公表しなければならない」ではなく、「公表できる」です。

例えば、国土利用計画法には土地の値段を釣り上げて売るのはけしからんという思想があり、土地を売買する時には届け出を求めます。地価高騰の引き金になりかねない案件があれば、行政の側から「ちょっと待ってくれ。それはちょっとやめたほうがいいんじゃないか」という投げかけをします。にもかかわらず取引する場合には、「しないように」と勧告します。それでも言うことを聞かないなら、事業者名などを公表することができるとされています。

特措法は、全体に私権の制限は必要最小限でなければならないという大原則を貫いているので、つるし上げのような行為に及ばないよう留意した規定になっています。

つまり、いうことを聞いてもらえないなら仕方がない、という立て付けなのです。事業者が要請や指示に従わなかったからといって、それ以上の措置はとれないのです。

怖いのは政府や都道府県の職員が意図して第四十五条を読み間違えているのではなく、素直に考えたらこうなってしまった点です。お役人は自分たちが情報公開を求められるなどとは考えもしません。本能的に権力を行使する側だと思っているので、「公表」が「つるし上げ」を意味すると自然と読めてしまうのでしょう。実際に役所のいうことを聞かなければ公表するという仕組みは他の分野にありますから。それが頭にインプットされていて、抜けないのですね。

政府としては、今さら「基本的対処方針には重大な誤りがあった」とはいえないでしょう。しかし、感染症対策の根本となる部分が、何重もの誤った法律解釈のうえに構築されているのでは何とも心許無い限りです。これで本当にきちんとした対策が行われるのか、大きな懸念材料です。

それにしても、なぜ知事の要請や指示に強制力を持たせない法律にしたのでしょう。立法時、強制力を持たせると憲法違反のおそれがあるという議論がないわけではありませんでした。そこで、その議論は避けて、ソフトタッチの仕組みにすると割り切ったのだと思います。強制ではなく、あくまでも要請と協力で対策を行うという立て付けにしたのです。

しかし、感染の第一波を経験した各地の知事からは、従わない場合は罰則を科せるようにしてほしいという声が出ています。

確かに、要請や指示をしても従ってもらえなければ、対策の効果は不十分です。

現在の特措法を改正して、知事の要請に従わないなら勧告することができ、その勧告にも従わなければ氏名や店舗の名前を公表することができるという規定を設ければ、そうした規定は他にいくつもあるので、憲法上の問題は生じないはずです。

また、知事として、どうしても店名を公表しなければならない事態が生じるとするなら、県独自の特別条例を議会で制定してもらう方法もあると思います。

ただ、パチンコ店の場合、店名を公表すれば、そこに人が集まってきます。タレントのラサール石井さんが「『今ならここが開いてますよお』と宣伝した結果になるの、わからんかったんかな」とツイートしていましたが、あれはねじれた末の正論です。店名を公表した結果、人が集まってしまえば、感染症対策にならないでしょうから。

私個人としては、現在の特措法程度でいいのではないかと考えています。法律としてうまくできていると思いますし、日本では大半の人は言うことを聞いてくれます。完璧を目指して強制しても、必ず抜け道を探す人が出て闇の部分が生まれます。感染症対策は、闇で広がる方がおそろしいのです。

ただ、改善点はいくつもあるでしょう。このあたりの問題は、人権への兼ね合いも考えながら、関係者も参加する形で大いに議論したらいいと思います。

## 理容店・美容院への自粛要請から見えること

政府は二〇二〇年四月七日、東京、埼玉、千葉、神奈川、大阪、兵庫、福岡の七都府県に緊急事態宣言を出しました。

新型インフルエンザ等対策特別措置法に基づく新型コロナ対策では、政府が緊急事態宣言を出した場合に、知事が外出や営業の自粛要請など具体的な対策を行うことができます。しかしこの時、西村康稔《やすとし》・新型コロナウイルス感染症対策担当大臣と東京都の小池百合子知事は、営業自粛の対象業種を巡って争いました。

小池知事は、理容店や美容院を対象とするなど、広く営業自粛を求めたい考えでしたが、経済への影響を心配する政府の方針は異なり、西村大臣は都の方針に反対しました。

最終的に理容店・美容院は営業自粛要請の対象になりませんでしたが、大臣と知事の話し合いに時間がかかり、十日に対象業種を発表するまで四日間もかかりました。

小池知事が理容店・美容院に営業自粛要請をしようと考えたのは、特措法の第四十五条ではなく、第二十四条九項に基づけば可能だと判断したからです。これは政府が基本的対処方針で法律の誤った解釈をするよう仕向けた結果でした。これまで述べた通り、政府の解釈を受け入れると、知事はいつでも誰にでも自粛要請ができることになります。

しかし、東京都の動きを察知した政府は、安倍首相が緊急事態宣言を発出した七日、基本的対処方針を同時に改定し、「国に協議の上」という文言を入れました。知事の権限があまりに大きくなりすぎ、勝手なことをされるのをおそれたのです。

このため、小池知事は西村大臣と協議することになり、調整に時間がかかったのでした。ただ、これは国のひとり相撲です。そもそも誤った法解釈を基本的対処方針に入れて、知事の権限を不当に大きくさせてしまったのは政府です。なのに「国に協議の上」という項目を入れて縛ろうとするなど、マッチポンプもいいところでした。

本来なら、国は小池知事の方針を違法だとしてはねつけることができました。それは第四十五条と施行令で、知事が休業要請できる業種が決められているからです。「理髪店」は施行令で休業要請できる対象業種に入れられていますが、床面積の合計が千平米を超える店舗に限るとされていました。千平米を超える「理髪店」など、もしあってもごく一部でしょう。なのに全ての「理髪店」に要請しようとした小池知事の方針は、特措法に違反していたのです。

ですが、国は第二十四条九項の違法解釈で、知事が誰にでもどこにでも要請できるとの考えを示していたので、それを指摘できませんでした。

小池知事にもやり方はあったはずです。本来は特措法の第四十五条に基づく施行令の規定をめぐり、「理容店・美容院に自粛してもらわないとクラスターが発生するおそれがある。施行令を変えてください」、あるいはさきほどの「公示」で「千平米以下の理美容店も対象に指定して下さい」と掛け合うべきでした。そうなれば、「国に協議の上」などというわけのわからない場で西村大臣と非公式協議を重ねなくても、国との攻防が正規のまな板の上でできたのです。ところが、知事の側も第二十四条九項の誤った解釈を前提にしていたので無理でした。

結局、互いに誤った解釈に基づいた不毛の攻防だったのです。

西村大臣と小池知事の「協議」では、理容店・美容院だけでなく、郊外のショッピングモールや居酒屋などの飲食店も協議の対象になりました。しかし、これらはまさに特措法の立法時点で規制しないと整理した業種でした。にもかかわらず東京都が自粛要請しようとしたわけですから、物議をかもしたのは当然でした。

立法時のいきさつを知っている人は「話が違う」と思ったはずです。特に理容・美容の業界は自民・公明両党に太いパイプを持っていますから、西村大臣も思いつきで動いたわけではないでしょう。

そもそもなぜ、対象業種が絞られ、千平米以下は除外という形になったのでしょうか。これは、私権制限を抑制的にという配慮からだったと考えられます。憲法に保障された基本的人権と感染症対策との折り合いを考えて、対象範囲を決めたのだと思います。「経済面でも大規模店舗なら休業要請に耐えられるだろう。小規模店は経営が成り立たなくなるおそれがあるので自粛要請はできなくても仕方がない。その代わりに、住民への外出自粛要請で感染拡大を抑制しよう」という組み合わせやバランスが考えられたのだと思います。

これが、東京都の自粛要請では全て崩されてしまいました。

その結果、中には廃業せざるを得なくなった店舗もあります。また、これ以上の休業要請には応えられないという事業者が数多くいます。

しかし、これは東京都が崩したというより、それ以前に国が特措法の誤った解釈をして、知事がどんな業種に対しても自由に休業要請できるとしたので、そうなってしまったともいえるのです。

結果的に立法時に検討した内容は顧みられず、十分練られていない対策がバタバタと場当たり的に行われていくという状態になりました。

### 東京都の風俗業への対策が後手にまわった

特措法で規定されている休業要請の対象業種でも十分とは言えない面もあります。

それは風俗業です。風俗業については、特措法の体系の中で休業要請の対象とされていない業種もあります。しかし、こうした一部の業界にも営業自粛などの要請をしなければ、感染源をみすみす放置することにもなりかねません。

理容店・美容院などは「三密にならないように」、「窓を開けるなど換気をよくして」

「ペチャクチャとしゃべらないように」と気をつければ、今回のウイルスの場合はある程度は感染拡大を防ぐことはできるようです。

ところが、一部の風俗業を対象外だからと放置していたら、穴の開いたバケツのように感染が広がってしまう可能性があります。

これについては、特措法には出てこない業種もあるので、政令の改正あるいは都道府県が独自の条例で何らかの手が打てるような仕組みを作ろうという動きが出てもよかったのに、と思います。

ただ、小池知事をはじめとする都道府県知事には難しかったのかもしれません。「風俗は感染リスクが高い」とはなかなか言いにくかったでしょうから。

小池知事は「夜間の外出を控えてほしい」というい方をしていましたが、これは却って「昼間ならいいのか」という誤った理解に結びついたおそれもあります。

結局、一部の風俗業界には手が付けられないままとなり、そのツケが後に回ってきた可能性は考えられます。ホストクラブやキャバクラといった風俗業から再び感染が拡大していったからです。

東京都は後追いで「夜の街対策」などといい出しましたが、タイミングが少し遅いという印象はありました。

居酒屋は、都が営業自粛要請の対象に加えようとしましたが、理容店・美容院と同じように国が反対し、妥協案として当初は午後八時までの営業、酒類の提供は夜七時までという形で決着しました。

客があまり酔わないうちに店を閉じるのは、あり得る選択だと思います。

換気の状況とか、どれぐらい客を入れるかなどの状況を記した㊜マークのようなものを張り出し、客が店を選べるようにしてもよかったと思います。これには第一波の感染が収まってから取り組む自治体が増えました。

東京都も、感染防止のための対策を行っている事業者にネットで交付する「感染防止徹底宣言ステッカー」を張り出してもらう取り組みを始めました。ステッカー掲示を事業者の努力義務とし、都民にもこのステッカーを掲示した施設を利用するよう求める新型コロナウイルス感染症対策条例の改正を行いましたが、驚くべきことに条例改正を都議会には諮らず、小池知事が専決処分で決めてしまいました。十分時間はあったのだから、議会できちんと審議したうえで決めるべきでした。条例は単に決めればいいのではなく、決めるプロセスで話題になり周知が図られ、様々な意見を出し合うことを通じて皆で守ろうという意識が醸成されます。都民の理解があってこそ成り立つステッカー施策なのに、小池知事にはそうした考えが足りなかったのではないでしょうか。

しかも、この専決処分で改正された条例の該当条文は率直に言ってとても出来の悪いものでした。ステッカーは、誰でも、いい加減な申請をしても、何らの審査も受けないで手に入れることができる内容の規定になっています。これでは、感染症対策をしっかりやっている店も、何もやっていない店も、まったく同じステッカーを貼ることになるのですから、結果として正直者が馬鹿を見ることにもなります。

案の定、ステッカーを掲示した飲食店でクラスターが発生し、ステッカー掲示をめぐる東京都の杜撰《ずさん》なやり方が厳しく批判されることになりました（この件については第六章で詳しく取り上げます）。

# 第三章　各都道府県知事の閻魔帳《えんまちょう》

## 知事は感染防止オペレーションの総司令官

大災害が発生した時、武力攻撃などの有事になった時、感染症が流行した時などの危機において「知事は何をしなければならないか」。私は鳥取県知事の在任中、常にこのことを考えていました。

知事はオペレーションの総司令官です。

「何をしなければならないか」という問題については、まず何ができ、何ができないのかを整理します。そして、できないことについては、理由を探ります。すると、だいたい二つの課題が浮かび上がってきます。

一つはロジスティックス（兵站《へいたん》）、つまり人手や資機材の不足です。これは八方に手を尽くして確保するしかありません。

もう一つは、法令上の問題です。「法律上できない」では済まされないこともありますから、「法律を変えてくれ。仕組みを変えてくれ」と政府に強く要請する必要があります。

知事就任二年目の二〇〇〇年、前述したように、最大震度六強の鳥取県西部地震が発生しました。現場で何が起きているか、自分の目で被災地の現状をみるとともに広く情報を集めていくと、被災者の生活の根拠である住宅の確保が急務であり、それを解決するには、被災者の住宅再建を支援することが最も有効であることがわかりました。

住宅の再建を県が支援するには、二つの課題がありました。一つは、財源があるかどうか。これは努力すれば何とかなるというメドが立ちました。もう一つは国から大反対されたことです。「住宅への補助は個人の財産形成に税金を投入することだから、憲法上できない」などと言ってきたのです。本当かどうか私たち自身で確かめると、国が言っていたことには根拠がありませんでした。「何も制約はないのだからやろう」と決断し、現地での住宅の再建に最大三百万円まで補助することにしました。これはのちに国が制度化し、一九九八年成立の被災者生活再建支援法が二〇〇七年に改正され、住宅再建のために使うことが認められ、支給上限額も引き上げられました。


今、新型コロナウイルスの陽性者がどんどん増えていて、全国の知事はウイルスを封じ込めようと一生懸命になっています。これは冒頭で申し上げた「何をしなければならないか」です。

それに対して「何ができないか」というと、例えば病床数が足らないという事情があるかもしれません。増やしたくても、物理的な限界があるからです。では、どうするか。本来なら国が法律を変えて便宜的取り扱いではなく病院以外にも正規に収容できるようにすべきですが、いまだにそうはしていません。現状では病院以外への収容はいわば脱法的な行為として容認されているのが実情です。厳密に言うと大きな問題があります。

新型コロナウイルス感染症が、感染症法に基づく「指定感染症」になったのは二〇二〇年二月一日。国内では既に一月十五日に第一号の感染者が確認されていました。さらに、多くの患者が発生していた中国からは、同月二十四日から一週間の「春節」の休みを利用した観光客が大挙して日本を訪れ、いつ流行が始まってもおかしくない状態だったのに、政府はなかなか指定感染症にしませんでした。

政府が中国・武漢市に残された日本人を帰国させるため、同月二十八日から二十九日にかけて羽田空港からチャーター機の第一便を飛ばします。この時もまだ指定されていない状態でした。

指定感染症でなければ、検査を受ける義務はありません。チャーター機で帰国した人を、言葉は悪いですが野放しにしてしまうおそれがあったので、さすがに政府も慌てて指定感染症にしました。そのタイミングが二月一日でした。

指定感染症になると、陽性者は症状の有無によらず、措置入院の対象となります。

武漢市では一月末から、野戦病院のような専門医療施設がわずか十日間で建設されるなどしていました。そうした中国からのニュースを見ているだけでも、もし日本で感染拡大したら、瞬く間に陽性者が増えて病院がパンクし、医療崩壊を起こしかねないだろうということは容易に想像できました。

どんな対策が考えられるかというと、無症状者や軽症者にはホテルや国の宿泊研修施設など病院以外で療養してもらい、より医療行為が必要な重症者や中等症者のベッドを確保するしかありません。それには病院以外に収容できるような制度にしておかなければならず、政府は早いうちに病院以外の施設や自宅での療養を可能とする法令の改正をしておくべきでした。ところが、この原稿を書いている時点でもまだなされていません。

想像していた通り、陽性者は三月からどんどん増えて、四月には病院からあふれる事態となりました。結果としてホテルや自宅での療養がその場しのぎ的に進められました。

海外からウイルスの流入を防ぐ水際対策は政府の役割ですが、一度国内で流行した後の対策を行うのは都道府県です。患者の隔離は知事が行わなければなりません。

法律は入院隔離を定めているのに、知事は何を根拠にホテルや自宅での療養を進めたのでしょうか。それは「事務連絡」と書かれた厚生労働省からの通知でした。

通知は厚生労働省の考え方を記した文書にすぎず、本来法的な効力はありません。それなのに、指定感染症の患者を入院させないでいいという違法ないし脱法的行為が事実上〝解禁〟されてしまったのです。

安倍晋三首相（当時。以下同）が喫緊の課題として行わなければならなかったのは、こうした違法状態を解消する法改正の提起です。にもかかわらず、首相は「ホテルには私が連絡した」と胸を張ってPRしていました。本来ホテルに電話をするのは、法改正の後でしょう。しかも、これまた本来なら知事の仕事でした。

ただ、こうした脱法状態を公にしたくなかったのか、東京都も当初は自宅療養者の数字を公表していませんでした。

自宅療養には問題があります。家族に感染させるおそれがあるのに加え、勝手に外出されるとウイルスをばらまくかもしれないからです。感染症は隔離が基本なのに、これでは対策になりません。自宅療養者に「外出しないでください」といっても、口約束にしかならないのです。もし、〝野放し〟の自宅療養者から感染が拡大するような事例が発生して社会不安を起こせば、「患者にGPS発信機を取りつける」などといった監視体制が必要という議論も出てくるかもしれません。

私は、やむを得ない事情があって自宅療養にとどまらなければならない患者以外は、せめてホテルなどに隔離収容すべきだと思います。ところが、ホテルに入ってもらうには患者の同意書が必要だと報じられました。これは非常に不思議な行政対応でした。病床が空いていれば入院は強制なのに、ホテルだと同意がなければ収容できないというのですから。法改正をしてきちんとした枠組みを整えないから、このような奇妙な事態になるのです。措置としての入院という原則を緩めるなら、立法の場できちんと議論したうえで国民的合意が必要でした。

第一波の流行が収束したあと、六月後半から再び感染拡大が始まりますが、この時は東京都のホテル確保が遅れてしまい、極めて多くの陽性者が自宅療養となりました。場当たり的な対応が行われていたと言われても仕方がありません。

この問題は他にも波及していきました。

「PCR検査の件数を増やさなかったのは、入院患者が増えるからだ」という主旨の発言をして、市長に厳重注意を受けた埼玉県内の保健所長がいましたが、あれは保健所の本音だったと思います。検査で感染者が増えなければ、確かに入院が少なくて済むのです。感染症対策としては本末転倒ですが、病院はパンク状態で病床が空いていないだけでなく、医療スタッフも疲弊していました。現場ではそうせざるを得ないほどの現実があったのでしょう。

第一波の感染拡大で医療崩壊が叫ばれた時、東京や大阪の知事は毎日のように記者会見を開いたり、テレビに出たりしていました。「国が感染症法を改正しないからこんなことになるんだ。〝闇〟でホテルや自宅療養を増やすのはもう限界だ」ぐらいのことをいえば、もしかしたら政府は動いたかもしれません。

でも、それをいったら、七月の都知事選で対抗馬を立てられるかもしれないから口をつぐんでおこうとか、日本維新の会と安倍首相は近い関係だからやめておこうなどといった忖度《そんたく》が、ひょっとしたらあったのではないかと邪推したくもなります。

## 政府の通知を脇においた和歌山県知事

医療行政の現場には、厚生労働省から数多くの「通知」が流れてきます。特に今回の新型コロナウイルス対策では、たくさんの通知が出ました。しかし、通知とは先ほど述べた通り、政府の自治体への助言でしかなく、厚生労働省の考え方を述べたものに過ぎません。しかも法的な拘束力がないので、自治体側が納得できなければ、他の方法を見つけて行うのは一向に差し支えありませんし、むしろそうするのが筋です。そのためにも、第一章で述べたように、都道府県レベルで地元専門家から意見を聞かせてもらう仕組みを作っておく必要性があります。

実際、国は苦し紛れに問題のある通知をしてくる場合があります。

その代表例がＰＣＲ検査です。

厚生労働省は二月十七日、専門家会議の議論を踏まえたとして、「帰国者・接触者相談センターに御相談いただく目安」は「風邪の症状や三十七・五度以上の発熱が四日以上続く方」などとしました。

帰国者・接触者相談センターといわれると、何か新しい組織ができたかのような印象を受けますが、実質的には各地の保健所のことです。通知を受けた保健所では、「三十七・

五度以上の発熱が四日以上続く」という要件を金科玉条としました。未知のウイルスで、知識もないから、通知に頼るのは仕方ない面もありました。しかし、現実にはこの「目安」に当てはまらない感染者がかなりいて、大きな問題になっていました。最終的に厚生労働省もこの要件を削除してしまいます。

知事の中には早い段階でこの「目安」に疑問を抱き、政府の方針は脇においてPCR検査を行うなどした結果、感染抑制に成功した人がいます。和歌山県の仁坂吉伸知事です。

和歌山県で最初に新型コロナウイルスの感染者が確認されたのは二月中旬です。済生会有田病院でクラスターが発生しました。国内初の院内感染でした。

当時、国がPCR検査の「目安」としていたのは前述の通り「三十七・五度以上の発熱が四日以上続く人」です。しかも帰国者・接触者相談センターという名前が示すように、中国への渡航歴や中国人との接触が重視されていました。

ところが、和歌山県の感染者は中国とは無関係でした。このため仁坂知事は既に医者や看護師に感染が広がっているかもしれないと考えたはずです。そこで「目安」とは別に、感染のおそれがある人をリストアップし、病院関係者四百七十四人のPCR検査を行いました。

仁坂知事はその後、メディアの取材に「厚生労働省にはやりすぎだと言われた」と明かしています。

国の通知といっても、あくまで助言です。実際にＰＣＲ検査を行うのは都道府県です。国内で感染拡大した場合に対策を行うのは知事だと定められているのです。だからこそ通知に従っていたら感染拡大は抑えられないと、範囲を拡げてＰＣＲ検査をしました。これが収束へ向けたポイントだったと、のちに評価されました。

ただ、和歌山県内には短時日にこれだけのＰＣＲ検査を行える機関がありません。そこで大阪府の吉村洋文知事に電話をし、百五十件の検査を引き受けてもらったとのことです。

私は、仁坂知事が病院でのクラスターにどのように対処するのか、記者会見を注視していました。最初こそ戸惑いがあるように見えましたが、実に手際よく、的確な対応をしていたと思います。

指揮官として「何をしなければならないか」を頭に入れて動いたのでしょう。だからこそ「感染を食い止めるには、国の言う通りのＰＣＲ検査ではダメだ。通知は単なる助言だから、独自にやろう」と判断したのだと思います。現場の実情や感染症に対する知識が頭に入っていなければ、このような行動には移せません。

会見を聞いていて、仁坂知事は保健所の組織なども掌握し、新型コロナウイルスについてもよく勉強していると感じました。

県庁の行政分野でも、厚生労働省の関連は分かりづらいのが実情です。法律は複雑なのに業務は地味で、話題になっても悪いニュースになることが多いのです。児童虐待やDVなどの対策は、知事としてあまりポイントを獲得できるジャンルではありません。このため、ついつい疎くなり、厚生労働省のいう通りで部下任せにしてしまう知事が多くいます。通知行政が横行する理由です。

しかし、福祉・保健分野も県の組織ですから、知事が自分で事態を掌握し、予算や人員の補充やバックアップをしたら、ずいぶん違ってきます。ふだんあまりスポットライトが当たらない分野なので、知事が本気で取り組めば、職員の意気込みも違ってきます。

それから、仁坂知事は市町村との関係もうまくいっているように見えました。

和歌山市の保健所の情報もよく把握していただけでなく、記者から質問が出ると、「それは和歌山市に聞いてくれ」ではなく、「和歌山市に聞いてみましょう」と返し、次の日には的確な回答をしていました。

　さらに、大阪府に検査を依頼するのも、知事でなければできません。指揮官として組織に足らないところをきちんと補っていたのです。

　こうして知事本来の力が発揮できたからこそ、抑え込みに成功したのだと思います。

　また、情報の発信についても、仁坂知事は何か動きがあった時の記者会見には必ず自分が出席し、責任を持った発言をしていました。

　これは何のために発信するかという視点が明確だったからではないでしょうか。

　全国には「発信力が高い」と評価される知事もいます。しかし、国に勇ましくケンカを吹っ掛けてみたり、毎日ネット動画に出て一方的にしゃべったりするだけで、何のためにやっているのか首をひねりたくなるような事例もありました。記者会見でわざわざ「何とかモデル」などと表明してまくしたてる知事もいました。これでは自分のためにやっているとしか思えません。

　住民向けの発言なのか、全国に向けた発信なのか、それとも自身の宣伝のためなのか。よく分からない会見がたくさんありました。

知事に必要なのは、住民に向けた会見です。「県内はこんな状況になっていて、こうした対応をしています。精一杯頑張るので、皆さんも協力をお願いします」と訴えることが大切です。

仁坂知事は記者からの質問が出尽くすまで、エンドレスで丁寧に答えていました。プロンプターに映し出された原稿を読み上げるだけで、記者の質問に答えずさっさと切り上げて帰ってしまう総理大臣とは大違いでした。

専門的な質問のためには、医療系の幹部職員を同席させておき、細部にわたってはその人に説明させていました。しかし最後は必ず自分で責任を持って答える。県民から見たら、ずいぶん頼もしいだろうなと感じました。

こうした会見で知事が毎日のように説明すると、記者も頭の整理ができていい記事になります。それを読んだ人々にもよく伝わるでしょう。何より、記者会見のアーカイブ動画は県民に対するメッセージになります。本当の情報発信力とはこういうことをいうのだと思います。

のちに和歌山県の地元放送局から取材を受ける機会があったので、こちらから当時の状況を逆取材してみました。するとやはり、仁坂知事の会見や対策があったため、県民は落ち着いて行動できたという話でした。

**偏見と分断を助長しかねなかった知事も**

「今、何をしなければならないか」という意味では、県境を越えて入ってきた人への検温も、理にかなっていました。

これは、山形県の吉村美栄子知事が最初に導入し、同県では非常事態宣言中のゴールデンウイークを中心に実施されました。高速道路のパーキングエリアに立ち寄った人などの体温を測ったのです。

必要なことを地道にやっているなという印象を受けました。

この動きに触発された岡山県の伊原木《いばらぎ》隆太知事も、ゴールデンウイーク中にパーキングエリアで検温したいと表明しました。

ところが、山形県は粛々と実施できたのに、岡山県は批判の嵐となり、実施を断念する事態となりました。

両者の違いは「言い方」でした。吉村知事はやむにやまれず必要なことを行うという感じで、柔らかくメッセージを発信していました。これに対して伊原木知事は、検温された人が「『マズイところに来てしまったな』と、後悔をしていただくようなことになればいいなと思っています」と発言していました。「後悔させてやる」と言わんばかりのメッセージを記者会見で放ったのです。これには私も驚きましたが、「何の権限があってそんなことを言うのか」と反発した人が多かったのでしょう。県庁の担当部署へは苦情の電話が殺到したといわれています。

徳島県でも飯泉嘉門《いいずみかもん》知事が「県内の各施設で県外ナンバー車の実態調査を行う」と述べたのをきっかけに、県外ナンバーへのあおり運転や投石、傷つけ、暴言が発生しました。飯泉知事は「強いメッセージになり過ぎたかもしれない」と、他県ナンバーの車に嫌がらせをしないよう県民に呼び掛ける事態となりました。

知事の発信能力にもよりますが、岡山県や徳島県のような言い方をすると、県外から恐ろしい病原体が入ってくるというような印象を与えかねません。

ただ、山形県も岡山県も、よそからくる人に何の根拠もなく検温を強いれば、「何様だ」とトラブルになりかねないのは当然です。そうした面ではいずれの知事も法的根拠に対する意識が十分ではなかったのだと思います。

国もそうですが、自治体でも権力者は何でもできるというわけではありません。法律に基づく行政という意味では、やはり条例を制定し、これに基づいて検温させてもらう形にすべきでした。いささか大げさにいえば法治国家の原理、つまり法律に基づく行政の原則に対する理解が乏しかったということでしょう。その意味ではとても興味深い事例でした。

このケースでもう一つ考えておかなければならないのは、都道府県というエリアについてです。

国内で広まった感染症対策は知事が行うことになっているので、どうしても都道府県という単位で物事を考えがちです。しかし、これが人々の分断や対立を生む原因の一つになりました。

感染が拡大するにつれ、「県をまたぐ移動」の自粛を求める県が増えました。

しかし、知事発言が炎上した岡山県も、瀬戸内海に面する同県備前市と兵庫県赤穂市は隣り合わせで、買い物や通院で住民の行き来があります。濃い姻戚関係もあります。県境があったとしても、感染のリスクはそれほど変わらないだろうに、「県境をまたぐ移動はするな」と求めることには無理と限界があったように思われます。

鳥取県東部の鳥取市では、兵庫県北部の但馬地方の人たちが買い物や病院通いのために、日常的に県境を越えて入ってきています。この例のように、県境を挟んで生活圏が同じ地区では、日頃から他県ナンバーの車が往来しています。しかし、今回のコロナ禍ではあまりに県境を重視した自粛要請がなされたために、「他県ナンバーがうろうろしている」と不安を抱く住民が増え、トラブルを招きました。

そもそも生活圏が一体となっている地区に、県境はあまり意味がありません。

地域の事情にもよりますが、県民にはリスクがそれほど変わらない隣接地区ではなく、「リスクの高いところへは、できるだけ行かないでください」と呼び掛けると同時に、他県のみなさんには、「いつもなら来て頂くのは大歓迎なのですが、今に限って不要不急の来県はできればご遠慮願いたい」ぐらいの言い方にとどめておくのがよかったのではないかと思います。

つまり今回は知事のメッセージの出し方には工夫が必要だったように思います。

「できれば東京には行かないで下さい。仕事でどうしても行かなければならない人もいるでしょうが、その場合にも、今は新宿・歌舞伎町には行かないで」などと、もう少し一人ひとりの事情を考慮したきめ細かい発信の仕方があっても良かったように思います。

## 不毛な都道府県同士の対立

国についていえば、基本的対処方針に「協力して感染抑止を行う方法など、隣県同士でよく相談してください」「必要があれば国もサポートします」といった内容を入れておくのが賢明だったでしょう。それだけで、その後の事態はかなり違ったはずです。

都道府県側も、近県や隣県で相談し合う体制の構築は必須です。これほどの感染症が一県主義で解決できるはずがありません。

例えば関西地区の新型コロナウイルス対策では、大阪府の吉村洋文知事が三月十九日に突然、二十日からの三連休の間、兵庫県との往来を自粛するよう府民に訴え、人々は困惑しました。大阪と兵庫は「阪神間」と言われるほど密接なつながりがあり、住宅街はつながっています。電話番号も兵庫県側に大阪市と同じ「〇六」の市外局番地域があるほどです。

にもかかわらず、兵庫県の井戸敏三知事とは何ら相談もしないでぶち上げてしまい、一方の井戸知事も「大阪はいつも大げさなんだから」とボソッと言う事態になってしまいました。もうちょっと二人でちゃんと話をしたらよかったのにと思います。

こういう時は若いほうが年輪を重ねた人を立ててあげるとか、政治家はそれぐらいの度量があった方がいいですね。私は鳥取県知事時代、同じ山陰の島根県と一緒に行動することが多く、そういう時には年長の澄田《すみた》信義知事に対してそれなりに気を使っていたつもりです。県政に対する考え方は違っても、知事としては十五歳以上離れている先輩でしたから、謙虚に学ぶところは多くありました。

こうした知事の対立はメディアの格好のネタになるので、煽《あお》り立てる記事が多く出ます。このため知事本人もその気になって張り合ってしまいます。「阪神間」の知事の対応は、その典型的な事例だったように思います。

ただ、こうしてメディアで話題になると、その知事に人気が集まるのが最近の傾向です。人気を取るためなのか、本当に住民のためなのか、住民側がしっかり見極めていく必要があります。

## 感染の情報公開を部下任せにした知事

都道府県によって対応が違うという面では、感染状況の公表内容がかなり異なりました。これには必ずしも正解はありません。

感染症法の法体系では、県が持っている情報はできるだけ公開すべし、というのが原則です。ウイルスの蔓延を防ぐために、感染が起きるような場所には近づかないようにという意味があるのだと思います。住民がそれぞれ行う対策の参考にもなります。しかし、一方では患者のプライバシーにかかわる内容なので、公表には十分注意しなければなりません。

新型コロナウイルスは、先に述べたように人の心の分断を生みます。県境をまたいだ対立だけではありません。感染症への偏見や、村八分的な行動にも結びついていきます。そんな事情があるので、感染状況などの情報公開とプライバシーの尊重との間でどうバランスを取るか、自治体の対応には難しさが伴います。よかれと思って詳細に感染事例を公表したら袋叩きに遭った京都産業大学の例もあり、簡単にはいかないのが実情です。

アメリカのトランプ大統領のように、人々を分断に向かわせるようなメッセージを発するのか。それとも皆で支え合えるような共感のメッセージを発することができるか。感染状況の公表の仕方には、知事の真価が問われます。

そうした中で気になったのは、感染情報の公表などの記者会見を部下任せにする首長が少なくなかったことです。

前線の部下任せにすると、部下は慎重にならざるを得ません。会見の場で記者から詳細な情報を公開するよう迫られても、公表することによって感染者が特定され、その結果その家族に対する偏見などが生まれるかもしれない。場合によってはそのことで訴えられるかもしれない。そうなったら職員は自分で責任を取らされるかもしれないので、必要以上に慎重にならざるを得ません。それがまた記者からの厳しい批判につながります。

今回の新型コロナウイルスへの対応では、前線で記者を相手にするのは、通常は情報公開制度などに精通していない保健衛生関係の職員です。彼らは情報公開という不慣れな分野で公開を迫るマスコミと、公開を避けてもらいたい当事者との間で板挟みとなり苦しむことになります。

こうした事情のもとで、多くの自治体では「関係者が同意した範囲内で公表する」ということになってしまいました。

陽性になった人に「これで公表していいですか」と打診して、「ダメ」と言われたら何も公表しない。「ここまでならいいですよ」と言われたら、そこまでだけ発表するわけです。亡くなった人の家族の同意でも同じです。すると、どんどん消極的になって、閉鎖的になっていきます。感染症法は「できるだけ情報は公開して、皆で感染拡大を防ぐ」という発想の法律なのに、そこからどんどん離れてしまうのです。

しかし、この種の情報公開では、本人の同意は多少考慮すべき要素ではあっても、絶対条件ではありません。

逆に、本人や家族から「全部公表してもいいですよ」といわれて公表した結果、大変な事態になることだってありえます。だから、できるだけ公開すべし。しかし例えば当事者が村八分になるような事態は避けなければいけないので、プライバシーには十分配慮するという原則とのバランスをうまく考えながら対処するしかありません。

前例のないウイルスだけに、こうした新しい事態には、首長が責任を持って対処すべきです。それなのに、首長自身が逃げ腰なのか、関心がないのか、矢面に立たされる部下は、苦し紛れに著しく公開度の低い発表をして終わってしまいます。首長に求められるのはこの種の問題に対し、自らが責任を持って対応する姿勢です。

私のところには、自治体の閉鎖的な公開姿勢に疑問を感じた各地の記者から電話取材が何件もありました。そうした記者の話を聞くと、プライバシーや人権を守るという以前に、いくら何でもおかしいという事例が多くありました。

例えば、遺族が同意しないから一切公表しないという県もありました。死亡したことは公表しなければならないので、「県内で一人死亡」とだけ発表して、年齢も性別も明らかにしないのです。

つまり、「今日、本県で一名の死者が出ました」「二名の死者が出ました」という資料を記者クラブに流すだけなのです。記者が「その人にはリスクの高い持病がありましたか」と質問しても、答えません。公表したら「ああ、昨日死んだあの人だね」と特定されるからだと県は説明していると記者に聞きましたが、その記者は「広い県なので特定なんかされないんですけどね」と嘆いていました。

こんな発表では感染症対策にも支障をきたします。亡くなった人が例えば四十代の女性と八十代の男性では、聞いた人の受ける印象が違います。糖尿病や高血圧、心臓病等の基礎疾患があったかどうかという説明もないと、同じような病気を持っている人やその家族へのメッセージになりません。

どこまで公表するかという決まりはありません。しかし、できるだけ具体的な情報が公開されたほうが、人々に与える影響は大きいのです。それはコメディアンの志村けんさん、俳優の岡江久美子さん、私も親しかった外交評論家の岡本行夫さんの死を考えるとよくわかります。それぞれ残念な結果ではありますが、こうした具体的な話が出てくると人は「気をつけなきゃいけないな」と思います。これは必ずしも東京都が公表したのではなく、それぞれの所属事務所などが発表したのでしょうけれど。

## 小池百合子都知事は広報係長か

ここで東京都の感染症対策について述べておきたいと思います。

東京都の新型コロナ対策には、あまり独自性がありませんでした。しかし、小池百合子知事は毎日のようにテレビに出ていて、東京都提供の広報ＣＭにも自ら出演し、自身で感染者数などを発表するインターネット動画を連日流していました。

東京都のコロナ関係広報係長のような印象でした。

コロナ対策は実質的に都庁組織が決め、自分はキャスターとして広報活動に徹するという役割意識で自分の居場所を見つけたのかもしれません。その方が都民の目に触れる機会が増えるから、七月投票の都知事選にもよかったのかと思います。元テレビキャスターですから、カメラの前でしゃべるのはお手の物です。手際よくこなしていました。

皮肉に聞こえるかもしれませんが、私はそうした態度を評価しています。小池知事が感染症対策について、これまでなじみがなかったとしても、和歌山県の仁坂吉伸知事のように深く勉強したうえでなら、独自施策が展開できます。でも、あまり勉強をしないで独自策を打ち出そうとすると、生兵法は大怪我のもとになりかねません。広報係長に徹したのは、都庁の仕事を邪魔しないという意味では正解だったと言う人もいましたが、同感するところはあります。

ただ、「ホテルや自宅での療養の在り方、ＰＣＲ検査などについて、厚生労働省の通知はおかしいと指摘する区長もいて、知事はなぜ政府に問題を指摘しないのか。これこそテレビカメラの前で訴えるべきではないかと憤慨している」と報道関係者から聞きました。区長の指摘通りだとは思いますが、広報係長に向かって「国にもっと文句を言え」というようなものだとしたら、木に縁《よ》りて魚を求むるがごとしでしょう。

小池知事はいみじくも「(知事は)代表取締役社長かと思っていたら、天の声がいろいろ聞こえてきて、中間管理職になったような感じ」と述べていました。四月七日に緊急事態宣言が出た時、都で営業自粛要請をしようと考えていた業種に国から待ったがかかり、政府との「協議」の末に対象の縮小を余儀なくされたからでした。

小池知事はその後、自らを中間管理職と位置づけたのか、本当に広報係長になってしまったような印象です。

この「中間管理職」発言は、実にミスリーディングで他の道府県に悪影響を与えました。「あんな発言は間違いだ。うちは中小企業だけど社長だ」と反論する知事がでてこないかと期待したのですが、いませんでした。結局、ほとんどの知事は小池さんとそれほど変わらず、当時で言えば和歌山県の仁坂吉伸知事を除けば中間管理職のような存在だったのかもしれません。

新型コロナウイルス対策では「通知行政」がまかり通っていたようです。

都道府県庁は官僚機構の一つです。

官僚すなわち役人は法律、政令、省令、通知といったものにしたがって仕事をするならわしで、都道府県庁の職員が自らの見解として政府に「その通知は単なる助言ですね」とはなかなかいえません。そんな発言ができるのは、やっぱり知事です。

お役所というものは、トップに石原慎太郎・元東京都知事のようなガラッパチな人がいると強気になります。逆にトップがおとなしくて国に従順であれば、お役人たちは中央省庁の指示書を守ろうとします。本来はこれに風穴を開けるのが知事の役割です。

和歌山県が国の通知に反してPCR検査を大量に行ったのは、仁坂知事がそう決めたからでした。知事が指示しなければ、職員もできなかったと思います。いい方を変えると、知事が「責任を持つからやろう」といえば、職員は安心して地域本位の仕事をすることができるのです。

結局、東京都知事と和歌山県知事の違いはリーダーシップの違いだと言えるでしょう。

新型コロナウイルスが流行して以来、東京都の陽性者数はケタ違いで、日々の新規感染者数がメディアの関心事になっています。ウイルスの拡散地になっているという意味から「東京由来」という言葉まで生まれました。一方、和歌山県は感染抑制で着実な成果を上げています。両都県の感染者数の推移を見れば、違いは一目瞭然です。

しかし、メディアが大きく報じるのは小池知事であって、仁坂知事ではありません。仁坂知事はあれこれと目立つようなことをいうタイプではなく、地道で落ち着いているからでしょう。

その意味ではメディアにも考えてもらいたいものです。

派手なパフォーマンスにはテレビカメラが集まります。絵になるので仕方ない面もあるでしょう。でも、ジャーナリズムであるなら、冷静沈着に本質を見極めて評価する姿勢が求められるのではないかと思います。

## 大阪府と大阪市は発表でうまく連携した

新型コロナ対策を進める上での都道府県と市区町村の関係に着目すると、例えば東京都の場合、感染者数の集計ミスがボロボロ出たという〝事件〟はありましたが、情報は都庁に一元化され、日々の感染者数の発表などは全て都庁が主導的に行いました。

もちろん区独自の施策もあります。江戸川区は地元開業医らが詰めるＰＣＲ検査センターをドライブスルー方式で開設しました。見つかった重症者には入院してもらいますが、軽症・無症状者には公共の宿泊施設を療養に使ってもらい、検査から療養まで区内で完結する仕組みを導入していました。杉並区も独自のＰＣＲセンター（発熱外来）を四つの病院で開設したほか、この四病院には区費で中等症者や軽症者用の病床を増やし、患者受け入れで経営が圧迫されることのないよう必要な補助も行っていました。

これらの取り組みや、区独自の感染者数のとりまとめはあったものの、全体的な進行管理や発表は都庁が行い、市区町村は協力するという立場でした。

しかし、全国には県と市が主導権争いをした地区もあります。

富山県と富山市はもめたことがありました。富山市内で感染が確認された患者について、市より早く県が報道陣に伝えたとして、市長が知事を非難したのです。感染症対策は基本的に県の仕事なので、記者会見は県が行います。しかし、富山市長からすれば、市内の問題だし、市の保健所が全部対応したという自負があったのでしょう。「トンビに油揚げをさらわれるようなことを、なぜ県にされなければならないのか」と思ったはずです。普段からの信頼関係があれば、あのようなことにはならなかったように思います。県が記者会見する時に、富山市の労苦に言及するなどの配慮はあってしかるべきです。もしそれができないと、行き違いやトラブルにつながりやすいものです。

感染症対策はやはり県が中心になるべきであって、マスコミに対しても、あっちで発生した、こっちで発生したと、市町村ごとにバラバラと発表されたら、記者も右往左往するし、県民は全体像がつかめず、戸惑うことにもなりかねません。

京都府知事と京都市長は途中から一緒に会見をするようになりました。これは一つの解決方法かもしれませんが、やっぱり都道府県が一元的に管理したほうがいいと私は考えています。

都道府県知事と、政令指定都市や県都の市長が一緒に会見するというのは、日頃の関係が必ずしもうまくいっていないことを象徴しているのかもしれません。

そうした意味では、大阪府知事と大阪市長の関係は極めて良好でした。

松井一郎・大阪市長は基本的には記者会見の場に姿を見せず、吉村洋文・大阪府知事が全て発表していました。

ただ、あれは日本維新の会の戦略だったのかもしれません。党の次世代を担う吉村知事を有名にしよう、知名度を上げようという思惑です。そうした政治的思惑はあったにせよ、極めてスムーズに進んだので、発表の仕方についての一つのモデルといってもいいと思います。

その吉村知事は「愛知県の大村秀章知事をリコール（解職請求）する運動を応援する」と表明して騒ぎになりました。

引き金となったのは大村知事の発言です。

五月十一日の記者会見で「病院に入れないということと、それから救急を断るという、この二つはやっぱり医療崩壊ですよ。それが東京と大阪で起きているわけですから、それはですね、よその国の話ではないんですね」などと述べました。

同二十六日の県対策本部会議でも「東京や大阪であれだけ感染拡大し、医療崩壊に陥ったにもかかわらず、愛知はそうならなかった」と発言しました。

これに吉村知事が「大阪で医療崩壊は起きていない」と噛みつき、松井市長も大村知事を批判しました。

定義の問題ではありますが、病院が受け入れを拒否せざるを得なかったとすれば、これは一種の医療崩壊といってもいいでしょう。大村知事は同十一日の記者会見で「愛知では絶対に起こしちゃいかん」、同二十八日の記者会見では「東京、大阪は日本の要の地域ですから、頑張っていただきたい」とも語っていたので、決して悪意で言ったのではないと思います。私にはさして違和感はありませんでした。むしろ愛知県はこれからも頑張るぞという決意表明のように聞こえました。その引き合いに東京と大阪の事例を出して話しただけなのだから、それぐらいのことは聞き流しておけばいいと思います。

大村知事は、第一波の感染拡大によく対処していました。最初に県内で感染が広がった時に、よく短期間で抑えられたと思います。自ら陣頭指揮を執っていたからでしょう。「日本では感染が拡大した地域ほど知事の人気が高まる。逆に早期に抑えた知事はメディアに評価されない」と指摘していた記者がいましたが、そうした傾向は和歌山県でも愛知県でもあったと思います。

# 第四章　問われる全国知事会の役割

## 知事会の役割は政府への「お願い」なのか

国内の感染症対策は都道府県が中心になるので、全国知事会がどう動くのかに注目していた人もいるでしょう。

しかし、ウェブ会議を開いたというのが再々ニュースにはなりましたが、これといったことを決めたようには思われません。何かをやっている感じを醸し出すのが得意だった安倍政権の「やってる感」と似た印象をうけました。

最近の知事会は「死者・行方不明者の氏名公表の基準を求める提言」に象徴されるように、国に「基準」を示してもらいたがる傾向が強いようで、何ごとにつけ政府に「基準を示してくれ」と要請しています。新型コロナウイルス対策でもそうでした。

いささか残念に思ったのは三月六日、知事会が政府に「新型インフルエンザ等対策特別措置法の改正に関する緊急提言」を提出した時でした。「緊急事態宣言を出す時の基準を明確にしてくれ」と要望したのです。「またお願いか」と失笑を禁じ得ませんでしたが、これでは都道府県は国の支店のようなものです。

どういう意図でこの要望を出したのかは分かりません。しかし、宣言が出されると自分たちに責務が生じるので、あらかじめ基準を明示しておいてほしいと素直に考えたのでしょう。

あくまでも受け身で、国が決めた通りに従うとの消極的姿勢が見られ、知事としての当事者意識が希薄なのではないかと危惧されました。

何度もいいますが、国内で感染拡大した場合、対策を行うのは政府ではなく、都道府県です。総司令官は知事なのです。自分たちの地域をどう守っていくか。そのためには何をしなければならないか。これらに必要なのは厳格な基準の設定ではありません。特措法やその政令の規定を読めば、政府が緊急事態宣言を出すのは感染が蔓延するおそれがあって、感染経路不明者が出はじめた時だと分かります。

重要なのは、知事が外出や営業の自粛要請をする時に、緊急事態宣言が出ていることです。でなければ適法な要請にならないからです。このため、本来なら「知事が宣言を出してほしいと判断した時には速やかに発出してほしい」と要望しておくべきだったと思います。また「ある日突然緊急事態宣言を出されても準備が整わないこともあるので、出す時には多少の時間的余裕をもって協議してほしい」とも要望すべきです。さらに「まだ自粛要請などの対策が必要だと知事が考えている時には、政府の都合で勝手に宣言を引っ込めないでほしい。宣言を解除する時にも事前に協議してもらいたい」と付け加えておくべきだったと思います。知事が法律に則って自粛要請などの対策を講じるのは「宣言下」でなければならないのです。それが法に基づく行政の原理・原則です。

一人でも多くの命と健康を守るために、知事側から政府を突き動かしたり、促したりしようというのではなく、待ちの姿勢でしかなかった全国知事会の「提言」は残念な内容でした。


この提言と同時に、知事会の文教環境常任委員長が文部科学省を訪れ、学校再開の基準を示してほしいと要望していました。

安倍晋三首相が何らの法的根拠も科学的根拠もなく全国に一斉休校の要請をし、三月二日からほぼ全国的に実施されていたからでした。いつ、どんなふうになったら再開できるのか教えてほしいということだったのでしょう。

私はこれにも失笑を禁じ得ませんでした。

既に述べた通りですが、都道府県立学校や市区町村立学校に休校を要請する権限は、総理大臣にはありません。それぞれの教育委員会が判断すべきことです。また、もし政府が緊急事態宣言を出したとしても、感染症対策は知事の仕事なので、公立や私立の学校に休んでほしいと要請するのは知事であって、総理大臣ではありません。一国の権力者から法律に基づかないことをいわれて、唯々諾々と従うのが知事の役割ではありません。教育委員会や学校の防波堤になって「総理、あなたは何の法的権限があってそんな要請をするのですか。科学的根拠はあるのですか」と問い質すのが知事本来の姿です。しかし、そのような動きは全く見られませんでした。

それなのに今度は「いつ再開したらいいですか」とお伺いを立てたのです。休校を決めたのは各教育委員会の判断だったはずです。ならば学校再開の時期を判断するのも各教育委員会のはずです。知事会の代表がノコノコと文部科学省を訪れ、いつ学校を再開したらいいでしょうかなどとお伺いを立てたのは噴飯ものというほかありません。

ただ、そうした振る舞いも彼らにとっては理にかなっていたのかもしれません。

というのも、最初に総理大臣が一斉休校を要請した時、一部を除いてほぼ全ての学校が休校になりました。それは、要請を受けた知事が増幅して市町村や教育委員会に伝えたことも背景にはあったはずです。だからこそあれだけ徹底されたのでしょう。その時、知事も首相と同じく何ら基準を示さないで内々に休校要請をしたのでしょう。「とにかく総理大臣がいってるから休校だ」と。それなら、学校再開についても知事が市町村や教育委員会に内々伝えなければなりません。

そうなると、教育現場から「いつ再開したらいいのか」と尋ねられるのは当然で、それを受けて「国に再開の基準を聞いてみよう」ということになったのだと思います。まるで取次屋のようで、いただけません。

本来は、総理の一斉休校要請があった時から、県の教育委員会にも県内市町村に対しても、総理の要請には何の根拠もないのだから、休校するかしないかはそれぞれで慎重に判断してほしい、というメッセージを出しておくべきだったと思います。

併せて、県として地元の大学の感染症の専門家などから、県内の感染の実態に照らして休校にする必要があるかどうかなどをよく聞き取り、それを県内市町村に伝えるようなことをしておくのが、知事のやるべきことだったと思います。

## 「九月入学」に悪乗りした知事たち

ほかに知事会が絡んだ教育問題としては、「九月入学」があります。前述のような体たらくの状態であったにもかかわらず、現在の四月入学を九月に変更しようと声を上げる動きは素早かったように感じます。

こうした時に往々にして見られるのは、政府の手が後ろから回っている場合です。真相はわかりませんが、このたびは官邸からサウンドがあったのかもしれません。ちなみに、第一次安倍内閣では九月入学が議論されましたし、安倍さんが首相になる前の二〇一二年の衆院選の公約でも自民党は「大学の九月入学を促進する」と明記しました。

今回の問題の発端は、東京都立高校の三年生が四月一日に投稿したツイートだったとされています。

休校の延長が繰り返された場合、「私たちの授業や他愛もない学校生活はその延長のたびに減っていき来年の三月には終わりがきます」として、「ここは、新学期の開始を九月一日に置き学期の周期を半年ずらすことが最善であると考えています」「入学や卒業、入学者選抜すべてを半年ずらすのです。日本独自の学期制を廃止し、アメリカ等の諸外国でメジャーな九月から始まる学期制にこの機会に変えてみると言う話です」などと述べられていました。

知事の中で九月入学を最初にいいだしたのは宮城県の村井嘉浩知事です。まず十七人の知事のオンライン会議で九月入学を求めるメッセージを発表し、知事会でも提案しました。

その場では、東京都の小池百合子知事が「社会、教育システムを変えるきっかけにすべきだ」と賛意を示し、大阪府の吉村洋文知事も「混乱の中でしか変えられない」と表明し、多くの賛成者がいました。しかし、「拙速な導入に反対」（栃木県、福田富一《とみかず》知事）、「どさくさに紛れて社会システム全体に関わる制度を導入すべきではない」（静岡県、川勝平太知事）などという意見もでて、最後はうやむやになりました。

一方、全国市長会や全国町村会となると全国知事会とは様相が大きく異なり、市区町村長に行ったアンケート調査では、実に八割以上が九月入学に慎重・反対意見でした。「今は感染抑制に全力を挙げるべきで、九月入学などの議論をしている場合ではない」などという声もでました。

学校は市区町村立が圧倒的に多いのに加え、市区町村長はその学校現場の状況がよく分かります。地に足がついていたということです。いささか軽はずみな知事たちとは対照的でした。

それにしても、最初に九月入学をぶち上げた十七人の知事たちは、教育現場のことを真剣に考えていたのでしょうか。新学期の開始が遅れていて、学校ではそれを夏休みの短縮などでなんとか取り戻せるかどうかなどと必死で取り組んでいる最中に、自分たちの知事が「九月入学」を唱えたりする。それが現場の教員たちをどれほど動揺させることになるか。現場が大混乱している時に、さらにそこに不安要素を持ち込むようなことは為政者として行ってはならないはずです。

ともあれ、こうした動きをうけて、一時は「有力な選択肢の一つ」と述べていた安倍首相も、「直近の今年度あるいは来年度の法改正を伴う形での制度の導入は難しい」とトーンダウンし、事実上断念しました。

すると、奇妙なことに、それまで勇ましく「九月入学」を唱えていた知事たちも、首相のトーンダウンと平仄《ひょうそく》を合わせるように何も言わなくなりました。信念として「九月入学」を主張していたのなら、首相に「断念すべきではない」と迫る知事が一人や二人いてもおかしくありません。あれは一体何だったのか。苦笑した人も少なくなかったのではないでしょうか。

私が鳥取県知事だった時の二〇〇三年九月から一年半、岐阜県の故梶原拓知事が全国知事会長を務めました。梶原会長時代の知事会は「闘う知事会」と呼ばれました。

その一つの特徴は、知事会の運営を事務局に頼らなかったことです。

それまでの知事会は、政策も提言も事務局におぜんだてしてもらっていました。事務総長には総務省の天下り官僚がなるのが通例で、事務局はなんでも総務省と調整するので、全てが総務省モードになっていました。

「これではだめだ」と、梶原さんや浅野（史郎・前宮城県知事）さんらと協力し、それまでの流れを大きく変えることにしました。

当時の知事会は、いくつかの政策テーマを設けて研究していましたが、これらの実務は各県で分担することにしました。社会福祉は宮城県、税財政は鳥取県といった形です。知事会の事務局からすると、会議の当日になって突然資料が出てくるわけです。事前に漏れたら、総務省の意向を受けた事務局員らがつぶしにかかるので、それへの対策でした。

知事会の決議に関する調整も、総務省の人を通すなと各県知事の間で申し合わせをしました。

すると、斬新な意見や決議案が出てきました。これが「闘う知事会」と呼ばれた理由の一つです。ただ、かなり労力のいる作業だったことはたしかです。

その後、私が総務大臣になった時、ちょうど知事会の事務総長が交代の時期を迎えました。

「次の事務総長にはこの人を送ろうと思うのですが」と事務方の幹部が相談にきたので、私は「もう、そんな天下りは出さないように」と伝えました。その結果、埼玉県の元職員が事務総長になりました。その後任には神奈川県の元職員が就いているようです。

現在も事務総長は総務省ＯＢ人事とは切り離されていますが、今の知事会は率直に言って、存在感や発信力が必ずしも大きくないように思われます。

時折、西村康稔・新型コロナウイルス感染症対策担当大臣と、知事会長など知事会の幹部とがリモートで会談して「意見が一致した」などと言っているニュースを耳にしますが、とてもそんな印象はありません。

例えば知事会側から、感染症対策を進める上で現行の特措法は使い勝手が悪かったり、改善すべき点があったりするので、見直してほしいと何度も要請しているのに、政府幹部はコロナの感染が落ち着いたところで法改正を検討するという趣旨の発言をしていました。

今、感染を抑えるために、法改正をしてくれと訴えているのに、「落ち着いたところで」などと、よくもそんな悠長なことが言えるものだと呆れてしまいます。どうも、知事会の側の切実さが政府には一向に伝わっていないのではないか。知事のみなさんの苦労が認識されていないのではないかと思わざるを得ません。

こんな時こそ、知事会はもっと怒るべきです。「『落ち着いたところで』とは何ごとか。それは、一一九番の通報をうけた消防署が、『火事が収まってから、消防車を出動させます』といっているようなもので、ふざけるのもほどほどにしろ」とでも言うべきです。

存在感や発言力を示すには、怒ってしかるべき時には怒る。そのための反射神経や瞬発力を要するのですが、残念ながら、今の知事会にはそれが十分に備わっているとは思えません。

## 東日本大震災で九月入学論は出なかった

九月入学の議論については、現状では生徒がちゃんとした教育を受ける機会がなく、学校行事もできないままズルズルと卒業してしまうかもしれないと不安になったり、受験も思うに任せないかもしれないと心配になったりするのはよく分かります。だからこそ半年延ばしてほしいという主張だと思います。ただ、これからも何度かの感染拡大期があると予想されます。そうなったらもう、きりがありません。今の子どもたちのために半年延ばしたとしても、さらにまた半年ずらさなければならなくなるかもしれないからです。

新型コロナウイルスを理由とした九月入学論は、今だけしか見ていない政策にすぎず、長期的な視野がないように思われます。

今回の議論を聞いていて思い出されたのは二〇一一年三月、東日本大震災で被災した子どもたちのことでした。

コロナと違い、震災では学校そのものがなくなった地区がありました。先生が亡くなり、親が亡くなり、家もなくなったりして、それはもう教育を受けるどころの状態ではなくなったのです。しかも、福島の原発事故で避難した自治体では学校再開までずいぶんとかかりました。あの時、その被災地の子どもたちのことを心配して、卒業をずらそうかという議論があったでしょうか。

「被災地の子どもたちは教育を受ける権利が奪われているから不公平だ」「大学受験は延ばしてあげよう」などという声は、ひと言も上がりませんでした。

二〇一六年の熊本地震の時もそうです。なぜなのか。おそらく、苦労を強いられた子どもたちがもっぱら「地方」に限定されていたからだと思います。

今回は東京や大阪といった大都市ほど休校でダメージを受けました。都市の人は、地方で困っている人がいてもあまり関心がありません。しかし、自分たちの問題になった途端に、感染者の少ない地域の事情にはお構いなく「全国で入学時期を延ばすべきだ」といい始めたのです。

今回はもっぱら大都市が難渋しました。ウイルスの感染拡大を一定程度に抑止した地方では、子どもたちの教育を受ける権利は相対的に保障されていました。にもかかわらず、大都市のために地方を犠牲にしていいという考えには、「都市のエゴイズム」を感じます。

もし、二〇一一年に誰かが「東京はつつがなく教育を受けているが、被災地の皆さんは大変な状態だから、入学を半年ずらして公平に受験できるようにしてあげよう」と声を出し、「そうだな」という人々の賛同が広がっていたのなら、まだ今回の動きも分かります。しかし、その当時、都市部でそんな動きは全くありませんでした。

九月入学の議論では「子どものため」という言葉を多くの人が発しました。しかし、東日本大震災の時も熊本地震の時も誰もそんなことは言いませんでした。それこそ宮城県知事をはじめとして、被災地の知事であれば「当時と今のこの違いは何なのか」というぐらいは、指摘しておいてもよかったのではないでしょうか。

では、コロナ下での教育はどうすればいいのでしょう。

これはもう、現場でやれることを精一杯やるしかないと思います。今年度は不十分なこともあるでしょう。今の子どもたちはかわいそうですが、仕方ありません。東日本大震災でも熊本地震でも、被災地の子どもたちは耐えて頑張ったのです。

皆が最も気にしているのは入学試験です。それならば、入試の出題範囲をある程度限定すれば、クリアできるのではないでしょうか。また、全国共通テストにするのではなく、大学ごとに特色のある出題をすれば、「ここなら自分の履修した範囲で挑戦できる」という選択ができます。

そう考えていくと、「全国一律」の大学入試が問題を大きくしているということもわかります。

「ポストコロナ」といわれる新型コロナウイルスを経験した後の世界では、中央集権や全国一律といった価値観を変えなければならないでしょう。

何でも全国一律にすると、物事は動きにくくなります。その典型が高校野球です。春夏の甲子園大会は開催できませんでしたが、地域によっては県レベルで工夫して独自の大会を開催したところもあったようです。今後感染拡大が続いたとしても、ブロック単位ならできるのではないかとか、さらに多くの知恵がでてくることを期待しています。

プロスポーツもそうです。もし大勢で移動するのが感染を拡げるリスクがあるというのであれば、サッカーのJリーグを東西にわけて、イースタンとウエスタンのリーグ戦で開催するのも一つの選択です。東は感染拡大で休むけれど、西は試合ができるなどということになるかもしれませんが、全部休むよりいいはずです。

また、大学を九月入学にしないと留学できないと思い込んでいる人がいるかもしれませんが、今でも国内の大学には九月入学や九月卒業の学生が大勢います。もうそうした選択ができる時代になっているのです。

カリキュラムを半年の単位制にしているし、クオーター制で一年を四期に分けている大学もあります。

そうすれば、いつ入学するかは自分で決められます。

既にそういう道が開けているのに、無理をしてでも一律に九月入学に変えなければ国際社会から取り残されるなどという考え方には賛同できません。

## 学校の現場は、リモートでの工夫も

一連の火付け役となったツイッターには「学校生活は休校延長のたびに減っていく」などと書かれていました。

文化祭もちゃんとできなくなったりして、学校の思い出が失われるという寂しさはあるでしょう。その気持はよく理解できます。

しかし、「じゃあ、自分たちなりに何か代わりになることをやろう」と若い頭で考えたら、むしろ様々な新しい可能性が開けるのではないでしょうか。

舞台芸術などの世界では、リモートシステムを活用した新しい表現が始まっています。「あれができない、これができない」と不満をためて閉じこもるのではなく、「今だからこそ何ができるか」と発想を変えてみるのはとても大切だと思います。

例年通りの文化祭はできなかったけれど、リモートのコミュニケーションを使って新しい連帯を生むような共同事業ができたとなれば、これは他の学年にはない経験です。一生の思い出になるでしょう。仲間がひろがるかもしれません。

私が勤務する大学でも、春学期はキャンパスには基本的に立ち入ることができない状態の中で、講義は全部リモートで行いました。私自身、最初はとても大変でしたが、次第に慣れてくると、従来の対面授業の際にはできなかった創意工夫を取り入れることができたという自負もあります。

もちろん、大学での授業は本来対面で行うことが原則です。とりわけ学部生の場合には授業もそうですが、授業以外のサークル活動なども重要ですし、大学生活を通じて信頼できる友だちを作ることも重要なことです。こうした事情からも、コロナが収まり、通常の対面授業や大学生活が一日も早く回復できるように願っています。

ただ、私が担当しているのは大学院のみで、しかも院生の中に占める社会人の割合が多いという事情があります。すると、中には、「これまでは仕事の関係で授業に出席できないこともよくあったが、リモート授業だと通学時間が不要なのですべて出席できてよかった」という院生もいました。

また、「いずれ通常の授業ができるようになっても、遅い時間帯の授業はリモートを併用してもらえませんか」という要請も出てきました。たしかに、平常に戻ったとしても、このたびのやむを得ざるリモート授業の経験から、今後に生かせる要素を見出すことはできそうです。

義務教育でも、このたびの学校現場での経験を平時にも応用できることはあると思います。例えば、不登校の子どもの教育機会を増やすことができるかもしれません。

これまで不登校だった子どもも、リモートだと授業やクラスの活動に参加しやすいということも考えられるからです。

コロナの時代には、気持ちを切り替えて、今何ができるかを考えていくと、工夫次第でいろいろな可能性が広がっていきます。これまでと同じでないといけないということだと、不自由ばかりが気になります。しかし、これまでとは違った環境の中で、新しいことに挑戦する人が増えれば、社会はずいぶん違ってくるし、これからはそういう時代になるのではと予想しています。

コロナだから延期しようという動きは、選挙でも起きました。これについては多くの記者に意見を求められました。

というのも、私が総務大臣を務めていた二〇一一年三月に東日本大震災が発生し、岩手・宮城・福島の被災三県を中心に、かなりの自治体で統一地方選挙の日程を延期したのです。

もう選挙どころではなかったからです。役場はなくなる。職員は亡くなる。有権者は避難して散り散りバラバラになる。選挙人名簿が一時期見つからなくなった自治体もありました。このためやむを得ず法律改正をして、該当の自治体の首長や議員の任期を延長しました。

過去にそういうことがあったので、今回も延期した方がいいのではないかという声がでたのでした。

私は「今回は選挙が物理的にできないわけではないし、ソーシャルディスタンスを保って工夫すれば可能なはず。同じように新型コロナウイルスが流行した韓国でも総選挙を実施したのだから」と、記者のみなさんには答えました。

東日本大震災の時は、原発事故による避難自治体は別にして、災害復旧のめどが立てば選挙はできました。めどが立つ見込みがあったのです。しかし、今回は一度延期しても、コロナがいつまでたっても収束しないおそれがあります。

有権者を集められなければ選挙運動にならないと主張する政党とは大激論になりましたが、リモートで在宅勤務をする時代なのに、政治家だけ旧態依然としていたら笑われてしまいます。

実は、選挙もかなりの部分でインターネットによる選挙運動が解禁されています。インターネットで情報発信ができますし、電子メールも一部の制約はあるものの利用できます。あとは電子投票が実現できれば完璧です。

日本型の電子投票は岡山県新見市など一部の自治体で取り入れられましたが、その後沙汰止みとなりました。しかし、仮想通貨で使われているブロックチェーンの技術を応用すれば、道が開ける可能性があるとされています。投票の電子化に向けた再出発はこれからの課題です。

北部ヨーロッパのエストニア共和国では、既に電子投票システムが導入されています。選挙以外にも行政システムのＩＴ化が進んでいて、国民が役所に行かなければならないのは婚姻、離婚、不動産取引の届出だけと言われているほどです。コロナへの対応が常態化するかもしれない今日、日本も学ぶところが多いように思われます。

## 緊急事態宣言解除をめぐる「出口競争」

ところで、四月七日に出された政府の緊急事態宣言ですが、当初はゴールデンウイーク最終日の五月六日までの予定でした。しかし、その直前の五月四日になって期間の延長が発表されました。この頃から各都道府県が営業自粛要請をどんな道筋で取り下げていくかの発表が相次ぎました。

「何とかモデル」などと名前をつける知事もいました。

政府の緊急事態宣言が発出された後、各都道府県で営業自粛要請など具体的な対策を行うのは知事です。自粛要請を出すのが知事なら、取り下げるのも知事ですから、それぞれ独自の判断で行うのは当たり前です。それをことさら「モデル」と名付けるなどしたことから、メディアがあっちはどう、こっちはどうと比較して、「出口競争」と言ってもいいような状態になっていきました。

その過程で最も注目されたのは大阪府の吉村洋文知事です。

きっかけとなったのは、西村康稔・新型コロナ対策担当大臣とのやりとりでした。吉村知事は五月五日、営業自粛要請を段階的に取り下げるための基準を「大阪モデル」として公表しました。その際、「本来であれば、国において具体的な指標というものを四日の段階で示していただければよかったですけども、それを示されないということになったのであれば、これは大阪独自に示していこうということです。大阪がやらなければずーっとやらないですよ」と述べていました。

西村大臣は翌日、「国が示さないから大阪が示すと、そう言われたと私も報道で承知していますが、これは何か勘違いをされてるんじゃないかというふうに思います。強い違和感を感じています」と指摘しました。

これは吉村知事が間違っていました。「出口戦略をちゃんと言ってくれなきゃ困る」という知事発言の「出口」の意味がおかしかったのです。政府が緊急事態宣言を解除する時の出口と、自分が大阪府内に出した営業自粛要請を取り下げる時の出口を混同していました。

緊急事態宣言は政府、営業自粛要請は知事なのだから、西村大臣が正しかったのです。吉村知事はツイッターで「西村大臣、仰《おつしや》るとおり、休業要請の解除は知事権限です。休業要請の解除基準を国に示して欲しいという思いも意図もありません。ただ、緊急事態宣言（基本的対処方針含む）が全ての土台なので、延長するなら出口戦略も示して頂きたかったという思いです。今後は発信を気をつけます。ご迷惑おかけしました」と釈明かたがた謝罪しました。

このツイートが「潔い」「懐が深い」などとワイドショーやインターネットで評判になり、吉村知事の好感度は一気に上がりました。

一方、吉村知事とのやりとりでは正しかった西村大臣ですが、都道府県の営業自粛要請を巡っては、大臣自身が知事にちょっかいをだした先例がありました。

先にもふれましたが、政府の緊急事態宣言時、幅広い業種に営業自粛要請をしようとした東京都の小池百合子知事に対してです。

「緊急事態宣言は国、営業自粛要請は知事」というなら、なぜ東京都にあれこれ言って、政府が仕切ろうとしたのか。その意味では西村大臣の態度も一貫していませんでした。

もしかしたら、吉村知事の頭には、西村大臣が小池知事の自粛要請に口出しした時のことが入っていたのかもしれません。だからこそ「国に示してもらわないと、大阪府は出口戦略を示せないじゃないか」という発言につながってしまったのではないかと思います。

ただ、一連のやり取りから、吉村知事にも緊急事態宣言と営業自粛要請の役割分担が分かってきて、「だったら、これからはもう大阪府のやることに、政府は文句を言いませんね」というふうな態度を貫くようになりました。自分たちは中小企業であっても社長だ、政府の中間管理職ではないと自覚したのでしょう。

こうして吉村知事ばかり目立つのに嫉妬したのか、その後の政府は、大阪府より目立とうといわんばかりのふるまいで、大阪府などへの緊急事態宣言を解除しました。

政府が緊急事態宣言を出すのが遅すぎたと指摘しましたが、解除するのも早すぎたと思います。解除したら国民が喜ぶと思ったのか、安倍首相のパフォーマンスに使われたような印象を受けました。そうだとすると、宣言を出すときも解除するときも、科学的知見と関係がなかったということでしょう。

東京都の例を見ても分かるように、政府の宣言解除後、知事はいくつものステップを踏んで、段階的に営業自粛要請を取り下げていきました。

しかし、知事の営業自粛要請は、緊急事態宣言があって初めてできることなので、先に宣言が解除されてしまったら、違法になります。

政府の緊急事態宣言の解除と、知事の営業自粛要請の取り下げは、本来なら順序が逆でなければなりませんでした。

群馬県の山本一太知事が西村大臣とのウェブ会議で「そんなに早く解除しないでほしい。群馬県は感染者の多い東京と近い。まだまだやるべきことがある」と言っていました。山本知事は、政府の宣言が解除されたら、知事の要請が違法になってしまうとの法的な問題点をよく理解していたのでしょう。山本知事が主張したにもかかわらず、政府は緊急事態宣言を解除してしまいます。

結局、政府の緊急事態宣言が解除された後も各知事が続けた自粛要請や新たに出した自粛要請は、厳密に言えば全て違法で無効ということになります。

このように長い期間、要請を受け入れて休業した事業者の中には、従業員を解雇したり、倒産したりした例があると思います。もし「これは知事が違法に要請したからだ」と訴えられたら、知事はどうするのか。

「何とかモデル」などと打ち出してメディアを賑わせた知事の皆さんは、その時に初めて問題のありかに気づくのかもしれません。

## 休業支援の財源は誰がどう負担すべきか

感染拡大の第一波では、知事による営業自粛要請で多くの事業者の経営が悪化しました。知事が要請した結果なのだから、何らかの経済的なサポートはあってしかるべきでした。ただ、国が特措法を違法解釈してしまったことが大きな影響を及ぼし、経済支援の財源をどうするかで混迷しました。

感染拡大を抑えるため、都道府県知事には休業要請を行う権限があります。しかし、事業者としては、知事に要請されても、すぐに「分かりました」とはなりません。事業者や従業員には生活があるのです。場合によっては倒産の危機に直面します。

逆にいえば、休業要請をするならば、経済的なサポートがなければ実が上がりません。特措法には経済的な支援についての条項はありませんが、きちんとした感染抑止策を行おうとするなら、経済的な支援策がセットであるべきです。

では、その財源をどう捻出するのかというと地方財政法に定めがあり、感染症の予防に関しては同法十条で「国が、その経費の全部又は一部を負担する」と規定されています。しかも、経費の三分の二とか八割とか、割合を定めて国が出さなければならないのです。

東日本大震災の時は、地方自治体への特別交付税を大幅に増額しました。

地方交付税には、所得税や法人税などの国税の一定割合を、自治体ごとの児童生徒の人数や道路の延長、それに通常入ってくる税収などの客観的数値に基づいて、国が自治体に交付する普通交付税と、災害などで自治体が特別な支出を強いられたときに、その自治体に交付する特別交付税があります。この特別交付税を大幅に増額したのです。今回もそうしたやり方は考えられます。

ところが、大きな問題がありました。

これまで何度も述べてきたように、特措法では政府の緊急事態宣言が出ていることを前提に、知事は自粛要請などの対策ができるとされています。ところが、宣言が出ていなくても、知事は自由に自粛要請ができるというふうに、政府が誤った法解釈をしました。

つまり、知事は事実上無制限に休業要請ができることになったのです。そうなると際限なく経費が必要になります。財務省は慌てたでしょう。感染症対策への支出がどんどん膨らんでいきます。

そこで、支出を絞ろうとしたはずです。

緊急事態宣言を出したあと、政府は一兆円の「新型コロナウイルス感染症対応地方創生臨時交付金」を創設しましたが、西村大臣が「国からの交付金は、自治体の休業要請の補償には使えない」などと述べたのです。「知事がいい顔をしてお金を配りまくったら、国にツケが回される」と話す国会議員もいたので、これが大臣発言の本音の部分だったのでしょう。

しかし、知事は制限なく思うように休業要請できると誘導したのは国です。ならば、事業者の休業補償に充《あ》てる財源も出してくれと言われかねません。

　東京都の小池知事が「飲食店や理容店・美容院の営業を制限します」といった時、国は「協議せよ」「やめてくれ」という対応をとりました。こうして政府が休業要請の範囲を絞ろうとしたのは、財源への心配もあったからかもしれません。


　さらにもう一つの問題がありました。

　そもそも特措法の休業要請の範囲は「千平米を超える施設」とされていました。これは立法時、どれくらいの経営規模なら休業要請に耐えられるかを検討したうえで線引きしたのだと思われます。

　もし、この範囲が守られていれば、対象となる施設はさほど多くないと思われるし、ある程度の財務上の体力もあるので、休業補償の有無や額でさほど大きな問題にならなかったかもしれません。

　ところが、実際の休業要請では、国の誤った法解釈に基づいて、事実上小規模事業者まで対象に入れられてしまいました。そうなると、体力がない事業者はバタバタと倒産するかもしれません。ひいては命を絶つ人が出てくるかもしれません。これは絶対に避けなければなりません。それなら、知事の休業要請にはある程度の補償金なり協力金を出さないと、要請の実効性は上がらないでしょう。しかし、財源負担に責任があるはずの政府は何ら明確な態度を示しませんでした。

そうした中で評価できる動きがありました。

東京都の「感染拡大防止協力金」です。政府の緊急事態宣言中、都の営業自粛要請に応じた事業者に対しては、一店舗の休業なら五十万円、経営する二店舗以上の休業なら百万円を支給することにしたのです。

政府が緊急事態宣言の期間を延長した時には、延長期間分の第二弾として同額の上乗せを行っています。

単発の協力金なので、第二波や第三波が来たらどうするかという先の見通しは示していませんが、初動の対策としては理に適《かな》っていたと思います。

これが先例となり、全国に類似の制度が広がりました。

東京都の協力金制度が明らかになった当初、神奈川県の黒岩祐治知事は「ない袖は振れない」と述べ、県内での支給には難色を示しました。結局、十万〜三十万円の協力金を出すことになりましたが、「東京都とは財政規模が全く違う。額が少ないのは申し訳ない。県の厳しい財政状況ではこれがぎりぎり」と悔しそうに語りました。

「東京都は裕福だからいいよね」とうらやましがっても仕方ありません。むしろ、神奈川県は政府に対し、「ちゃんと財源を出しなさい」と掛け合うべきでした。地方財政法には感染症予防にかかる経費は国が全部または一部を、割合を決めて負担すると書いてあるのですから。

そうした認識は、黒岩知事だけでなく、全国の知事に欠けていたと思います。

このようなテーマこそ全国知事会が取り上げるべきでした。「東京都が富裕であろうと富裕でなかろうと、それぞれの都道府県が必要だと考えて支出した感染症対策費は三分の二とか八割とかの額を国が負担するルールを作るべきだ」と国に申し入れ、協議をしていかなければならなかったのです。

富裕な東京都対富裕でない県という構図ではなく、本来は地方対国で議論すべき問題なのに、いつの間にか本来の相手を見誤ったのではないでしょうか。

## 安倍政権は現場に関心がなかった

感染症の流行で最も暮らしの危機に瀕《ひん》したのは社会的な弱者でした。しかし、そうした人への支援策では政府に見るべきものがありませんでした。朝令暮改も続きました。

例えば、収入が著しく減少した世帯に三十万円を給付するとしていたのを、四月十七日の記者会見の場ですべての国民に一人あたり十万円を給付することに変更したと発表しました。これに併せて「リーマンショックの時、全国民一律に配付した定額給付金の際には送付に三カ月もの時間を要した。今回はスピードを重視して、市町村の窓口ではなくオンラインでも申請できるようにする」と説明しました。マイナンバーカードでオンライン申請すると早期支給できるというのです。

これはまったく現場の実情を無視したやり方でした。そもそもマイナンバーカードと住民基本台帳は連動していません。支給は世帯主の口座にまとめて振り込むのですが、申請者が世帯主かどうか、申請書に入力された世帯員が本当に家族かどうかを市町村の担当者が確認しなければなりません。それに、マイナンバーと銀行口座との紐付けもなされていないので、市町村であらためて口座番号等を入力することになります。

これでは、市町村があらかじめ住民基本台帳から世帯主や世帯員をプリントした申請書を送り、それに必要事項を記入して返送してもらう郵便申請の方がよほど処理しやすいことになります。

案の定、オンライン申請は、市町村の現場を大混乱に陥れ、その結果、秋田県秋田市、東京都杉並区・府中市・八王子市、山梨県笛吹市、大阪府東大阪市・八尾市、奈良県橿原市、岡山県岡山市・倉敷市・笠岡市、広島県福山市、香川県高松市、高知県高知市など、ざっと挙げただけでもこれほどの自治体が早々とオンライン申請を中止することとしました。

混乱の原因は明白です。首相が「オンライン申請をすれば早く十万円が支給できる」と発言した時に、国のマイナンバー制度関係部局は「その構想には無理があります」と、首相の勘違いを正さなければならなかったはずです。それがなされなかったことに、いささか驚いています。これでは首相は、まるで裸の王様のようです。

私が自治省（現総務省）の官僚だった時は、首相の演説原稿や発表文の骨子が各省に配られていました。担当者が「ここはおかしい」などとチェックを入れ、理由を述べて、修正案を出します。私が総務大臣を務めた時も同じでした。ところが、安倍政権ではそうしたチェックシステムが機能しなくなっていたのでしょう。

振り返れば、安倍首相は東京五輪誘致の時に「福島第一原発の汚染水はアンダーコントロール（制御下にある）」と、全く根拠のない発言をしました。そうした発言が訂正もされずに今日に至っているのが実情です。そうした、裏付けのないいい加減な発言が大手を振ってまかり通ってきたことの延長なのだと思います。

こうした病弊は、新型コロナウイルスが国内に流入した頃にも顕著に見られました。

国内での感染第一号が確認された直後の二〇二〇年一月二十日、安倍首相は国会で施政方針演説を行っています。この場で、地方創生の成功実例として、島根県江津《ごうつ》市へ移住した若者のことをとりあげました。ところが、この若者は既に県外へ転居したあとでした。同演説では「公債発行額が八年連続で減額」とも述べましたが、これも事実と異なっていました。減額しているのは当初予算の段階だけで、その後の補正予算を含めた年度末の段階を見ると、決して減り続けているわけではないからです。

総理大臣が根拠のないことを平気できっぱり明言するという、とても深刻な事態が進行していたのです。

安倍政権の売りは政治主導、官邸主導でした。しかし、官邸のいうことに疑念をはさんだり、他の選択肢を示したりすると、その官僚は排除される。これはあながち噂だけではありません。現に私の総務省の後輩にもそういう目に遭った人がいます。そうした結果、誰もものをいわなくなるのは目に見えています。上意下達で、なにごとも官邸の言うことを聞いていれば、それでいい。首相や官邸の言うことが変だなと思っても、いわぬが花。ものいえば唇寒し秋の風、という空気が中央省庁に蔓延しています。

オンライン申請による混乱が起きたのは当然の結果でした。

安倍内閣がマイナンバー制度を導入した時の担当閣僚は甘利明・衆院議員です。甘利さんとテレビ番組で一緒になった時、「あんなことは法律を変えておかなければできないのだから、総理はいうべきではなかったんですよね」と話していましたが、それなら注意してあげればよかったのにと思いました。でも、首相に近い甘利さんでさえもう何もいわなくなっていたのかもしれません。

現場から遊離し、事実をねじ曲げて、少人数で決めてしまう政権が歩むのは、破綻への道です。

そうしたほころびが随所に見られ、特に新型コロナウイルス対策ではお粗末さを露呈しました。

国民は取り敢えず欺いたりだましたりできても、その手法はウイルスには通用しません。ウイルスは権力を忖度してもくれません。

一方、現場で対策に奔走する知事の中には自分の言葉で真摯に語っている人がいます。首相の態度とはあまりに異なります。新型コロナウイルス対策を契機に、知事が注目されるようになった理由の一つだと思います。

### 力の弱い人、声の小さな人への目配りこそ政治の仕事

第一波の緊急事態宣言が解除されたあと、政府が力を入れた経済対策といえば「ＧｏＴｏキャンペーン」でした。安倍政権は低迷した経済を回復させるために、観光業や飲食業に補助金を出して、人の動きを作ろうとしたのでしょう。

ＧｏＴｏキャンペーンでは当初、約一兆七千億円もの事業費のうち、三千億円以上が委託費とされ、あまりに巨額だとして問題になりました。

その前に支給が始まった政府の持続化給付金は、事業の継続が厳しくなった中小法人に

二百万円、個人事業者に百万円を支給する制度ですが、これも事務局を担う団体へ七百六十九億円という高額な委託費が流れていました。しかも、この団体は実体がないトンネル団体で、委託費の九七パーセントは再委託先の大手広告会社に流れていました。

いずれも安倍政権が重用した経済産業省が仕切っていたようですが、あまりに杜撰な税金の使い方には呆れてしまいます。いったい、これらの事業は誰のために、何の目的で仕組んだものなのか。

例えば、持続化給付金の場合、ひょっとして経営に困っている中小企業を支援するという目的は単なる「だし」にすぎず、本当のねらいはこの仕組みを取り仕切る団体や企業を潤わせるためだったのではないか。それは本末転倒であり、政治の腐敗、堕落というほかありません。

いかなる理由からか、持続化給付金は実体がないと言われるような団体に給付事務が委託されましたが、本当は各地の商工会議所や商工会に事務を委託すべきでした。商工会議所や商工会は地元の経済状況や各事業者の実情にも通じているので、経営指導などに結びつけることができたはずです。

とかく安倍政権では現場から遠いところで政策を決めることがあまりに多かったようです。現場の声はもとより、立場の弱い人や声の小さい人、本当に困っている人のことなどあまり気にしないで、政権の周りにいる人や親しい業界の人などごく一部の人たちでものごとを進めようとする。すると、当事者にとっては使い勝手が悪く、ピントがずれている。結果的に失敗に終わることが多いのは、このような事情があるからでしょう。持続化給付金などはその代表例だと思います。

今のような世の中では、本当に困っている人、その中でも立場の弱い人や声の小さい人に照準を当てた政策が、普段に増して求められます。

私は自治省の官僚だった時、自治大臣秘書官を務めたことがあります。その時の自治大臣は梶山静六さんでした。後に官房長官や自民党幹事長も務めた政治家です。

一九九八年には自民党総裁選挙にも立候補し、小渕恵三、小泉純一郎の各氏と争いました。結局小渕さんが勝利するのですが、選挙期間中に田中真紀子さんがこの選挙のことを「凡人、軍人、変人の戦い」だと評して話題になりました。ちなみに凡人は小渕さん、変人は小泉さんで、軍人が梶山さんでした。梶山さんは陸軍士官学校出身だったので、そんな印象を与えたのでしょう。

また、喧嘩っ早いところもあった（もちろん、政治の上でのことですが）ので、それまでも武闘派と呼ばれるなど、世間では強面《こわもて》の政治家とのイメージを持たれていました。でも、身近に接していると、そんなイメージとは異なり、平和主義者であり、正義感が強く、実に心のやさしい政治家だということがよくわかりました。

その梶山さんがいつも言っていたのは、「政治というものは、力の弱い人や声の小さい人に目配りすることが大切だ。強い連中は自分でドンドン前に進んでいくからほうっておけばいい。しかし、弱い人は手を引っ張ったり、背中を押してあげたりしなければ、自分だけでは前に進めない」ということでした。私は後年鳥取県で知事を務めるようになった時、この梶山さんの教えを拳拳服膺《けんけんふくよう》して仕事に励みました。

梶山さんはまた、「政治をやっていると、しらずしらずのうちに力の強そうな者に従ったり、金を持っている人の言うことを聞いたりということになりがちだ。気がついたら、力の弱い人や声の小さい人のことを忘れていたり、むしろ彼らの足を引っ張ったりすることにもなりかねない。そんな政治家は大勢いる。よほど気をつけなければ」とも言っていました。今の政治家たちにも、この梶山さんの教えをよく嚙み締めてもらいたいと願っています。

## 今、地方経済に必要なこと

地域の経済について今考えておくべきことはいくつもあります。

例えば、予防的に休業要請をするならそれに見合った対価が必要です。緊急事態宣言が出て、知事の休業要請がなされた時、対象となる事業者には支援を行うのは当然でしょう。これは最低限必要な対策なのに、これまで指摘したように、現在はどれくらいの額を支給するかのルールさえありません。これでは当事者となる事業者の不安は募るばかりでしょう。

弱い立場にある人々が安心して暮らしていけるようにするつなぎの資金も重要です。失業者に将来の見通しを立ててもらうための手助けも必要でしょう。

経営が厳しくなった企業での雇用を無理して続けさせて、最終的に会社ごとダメにしてしまうよりは、アメリカのようなレイオフ（一時的解雇）というやり方もあると思います。これは、企業の体力が戻ったら再雇用する仕組みと併せて検討されるべきです。

そのうえで、「ポストコロナ」に向けて何をやるか。時ならぬＧｏＴｏキャンペーンではありません。今回のコロナ禍で見えてきた、社会として足りないところへの投資です。

例えば、新型コロナウイルスの感染が続く中で企業活動を続けようとすると、リモートワークが必要になり、ＩＴ化を迫られます。中小企業ではＩＴ化に立ち遅れている事業者も多いでしょうから、テレワークを進めやすくするための支援制度なども考えられます。

また、感染拡大による経済の停滞に起因して、石油の消費量が大幅に落ちました。これがきっかけとなり、脱カーボン社会の進行に勢いがつくかもしれません。それを先取りする形で、自然エネルギーや地産地消のエネルギー導入に力を入れるのも重要です。エネルギー源である風力や水力、地熱はもっぱら地方に賦存しているので、地方の経済対策にもなります。

さらに、安倍政権下の地方創生では、多くの自治体がインバウンドを中心にした観光振興に期待をかけていました。しかし、海外との行き来がままならなくなり、当面のインバウンド需要は消失してしまいました。

海外どころか、「東京へいくな」「東京からくるな」という世の中になってしまい、「交流人口の拡大」などというお題目も空疎に響いています。

自力の地域振興ではなく、もっぱらよその地域や国からきてくれる人を当てにした振興策は、新型コロナウイルスの流行とともに破綻してしまいました。

それならば、これまでのモードを一新しなければなりません。

先ほどのＩＴ化とローカルエネルギーはその変化の要素になると思います。

新型コロナウイルスの流行で、都市部ではリモートワークがかなり普及しました。「自宅で働くのだったら、郊外や地方に住んでもいいね」というのが現実的な選択肢になり始めています。

ローカルエネルギーの開発で地域の産業が生まれている例は既にあります。岡山県真庭市では市民の使う電力は自前のバイオマス発電で賄えるようになっています。

地方ではほかにも様々な取り組みがありますが、総じてうまく行っている地域は国が音頭を取ったからではなく、地域の内発的な力が芽生えたものです。今後、そうした力をどうやって伸ばしていくか。

ポストコロナをにらんだ地域政策は、国のお仕着せではなく、地域自身の考える力と実践によって形作ることが重要だと思います。それは各知事の腕の見せどころでもあるはずです。

# 第五章　東京都政と大阪府政を診る

## 小池都知事の公約は真に受けないことにしている

これまでの章では、新型コロナウイルス対策で各知事がどのように行動してきたかを検証しました。では、そもそも知事とはどんな仕事をしているのか、地域が抱える問題にどう対処してきたのか、東京と大阪を例にひきながら課題を探りたいと思います。

東京都知事は、知事の中でも特別視されています。しかし、人口が非常に多い、首都の知事であるというぐらいで、最も人口の少ない鳥取県の知事と基本的に変わりはありません。在京メディアが注目するため全国ニュースになりやすく、目立つ存在ではあるかもしれませんが。

東京都の財政は豊かです。このため国の財政支援が得られなかったとしても、ある程度の独自施策を展開することは可能です。

理由は都民の所得水準が比較的高い上に、大企業の本社もたくさんあるので法人関係税が集まりやすいからです。ただ、この強みは同時に弱点でもあります。法人関係税収に支えられているので、景気が冷え込むと途端に税収が落ちてしまいます。

また、警察や消防、教育も含めると十七万人を超える職員組織は大きすぎ、「大男総身に知恵が回りかね」といわれるような状態になっている嫌いがあります。これは、先ほど東京都知事も鳥取県知事も基本的に違うところはないといいましたが、両者の間に一つだけ明確に異なる点があり、それと深く関係しています。

東京都は一九四三年に当時の東京府と東京市が合併して東京都になったという経緯があります。本来都道府県でなく市の管轄になっている消防や上下水道も都が担っているため、単純に人口が多いからという理由からではなく、都の職員数が膨大になっているのです。

膨大な人数の職員と肥大化した組織。こんな事情を抱えていることもあって、このところの都知事で都庁を掌握し、コントロールできた人はいないように思います。

だから誰が就任してもうまくいかない代わりに、誰が知事のイスに座ってもそれなりにこなせるという逆説的な現象も見られます。都庁の職員は優秀で、どんな人が知事になっても、都政をある程度うまく運営してきました。しかし、次々と知事が代わって、その都度パフォーマンスばかりするのでは、さすがの職員たちにも限界はあるでしょう。

〝パフォーマンス知事〟が続くのは、選挙が人気投票に堕していることが原因の一つだと思います。有権者も風に左右されて、候補者を地道に点検するようなことはしません。これまで何をしてきたかの行状や発言、実績、誠実さ、情熱、責任感などをきちんと吟味しないのです。

象徴的なのが二〇一二年に当選した猪瀬直樹さんです。四百三十三万票余という空前の得票をしたのに、医療法人からの高額な現金授受が発覚してあっという間に都庁を去ってしまいました。あの猪瀬さんが歴代最高得票者なのだから、小池知事が特に選挙上手だというわけでもないでしょう。大都市の選挙のあり方に問題があるはずです。

小池百合子知事が就任したのは二〇一六年でした。シンボルカラーの緑のハンカチを振ったら皆が大騒ぎして、まるで魔法使いのようでした。しかし、マスコミが虚像を作り上げていただけだと指摘するノンフィクションが出版されるなど、次第に素顔が明らかになりつつあります。

かつて小池さんが環境大臣だった時、私も鳥取県知事だったので、ちょくちょく会うことがありました。鳥取県内で開かれた国際的な環境フォーラムにも当時の小池大臣は出席し、司会をテキパキと立派にこなしました。ただ、大臣として印象に残る施策はありません。

都知事になってからも築地市場の豊洲移転では大騒ぎしましたが、特に何かをやったという印象はありません。

豊洲移転の問題では、移転先の新市場が設計通りに建設されておらず、地下に空洞がありました。たまった地下水には有害物質が含まれていました。それを梃子《てこ》にして移転を延期しましたが、しばらく宙ぶらりんにしていたので、関係者は困ったと思います。一時は築地市場も残すような無責任な発言もしたため、人々に期待を持たせたり、動揺させたりしました。結局、多少の追加工事をしただけで移転することになったので、お騒がせだけに終わったとの印象を拭えません。

実は豊洲移転問題の主役は小池知事ではありません。小池知事は便乗しただけでした。私に言わせると、ここまでもめる原因を作ったのは都議会です。移転に関する条例を可決し、そのための予算を決めたのも都議会でした。決めた人が責任を持つべきだったのです。ところが当の都議会は、小池知事が騒ぎ始めると百条調査委員会を設置して、移転を決めた当時の石原慎太郎知事ややはり当時の中央卸売市場長を証人喚問しました。石原さんは「皆で決めたことだと思います」などとボソボソいっていましたが、最終的に決めたのは都議会です。

移転案を提示したのは当時の石原知事ですが、それはあくまでも提案であって、決定ではありません。もし提案に問題があるのなら、都議会は決める過程でそのことを見抜くべきだし、見抜けなかったのなら、見抜けなかったことを都民に詫びるべきです。都議会は自分たちの責任で決めたくせに、そのことにホッカムリして、平然と元知事を追及する。決定権を持つ都議会の怠慢と無責任さが今日の事態を引き起こしたにもかかわらず、責任を他に転嫁していたのはとても見苦しい振る舞いでした。

小池知事は二〇二〇年七月の都知事選で再選されました。メディアが初当選した時の公約を「果たしていない」と報じることが多く、私もマスコミから「どう思うか」と尋ねられました。しかし、私に言わせれば、小池知事の公約など真に受ける方がおかしいのです。

戦後の歴代都知事を紹介しておくと、官選の東京都長官から初めて民選の知事になった安井誠一郎さん、前回の東京五輪の時に知事だった東龍太郎《あずまりようたろう》さん、革新陣営に擁立された経済学者の美濃部亮吉さん、旧自治庁事務次官で東知事のもとで副知事を務めた鈴木俊一さん、世界都市博覧会の中止を掲げただけで一切選挙運動を行わなかった作家の青島幸男さん、美濃部さんに敗れて再挑戦だった作家の石原慎太郎さん、任期途中で辞職した石原さんの後継として副知事から出馬した作家の猪瀬直樹さん、国際政治学者で厚生労働大臣も務めた舛添要一さん、そして小池百合子さんと続きます。

しかし、いつの頃からか、適当な公約しか掲げない候補ばかりになっていました。お鉢が回ってきたり、今なら有利だと考えたりして急に出馬する候補が多いのです。今は公約を作ってくれる広告代理店まであります。そんな公約は真に受けるべきではなく、勝ったとしても本当に実現したら、逆に問題が生じることだってあります。事実、石原さんが公約にこだわって設立した新銀行東京は経営難に陥り、大失敗に終わりました。

そもそも、都政における最終決定者は、議案を出す都知事ではなく、議決する都議会です。二元代表制の地方自治体では、最終決定権を持たない首長が公約すること自体に論理上の矛盾があります。公約といっても実質的にはその人の願望であったり、提案であったりするだけです。

本来、知事に求められるのは、大組織の統括力と、その時々の問題で組織に力を発揮させる能力です。見映えがいいだけで、嘘くさい公約を云々《うんぬん》するよりも、そうした組織経営の資質を持っているかどうかで選ぶ方が気が利いていると思います。それには候補者がそれまでどんなことをしてきたか、どんな人なのかを知ることが重要です。

## 遅々として進まない東京都の情報公開

ところが、小池知事には組織を統括しなければならない立場だという自覚がなさそうです。都庁組織の上に乗っかったお客様のようでもあり、自身の政治的野心のために都政をうまく利用してやろうという下心が垣間見えるようでもあります。

小池知事が二期目の選挙で掲げた公約、東京版ＣＤＣ（米疾病対策センター）の設立も、「都の保健所、医療機関、研究センターの機能を集約するなどして国立感染症研究所や政府、大学と連携する」（小池知事の発言大意）という程度でしかなく、本当にＣＤＣと呼べるのかどうか分かりません。小池氏得意のネーミングによるあやかり商法で、実質的には看板を出すだけだとささやかれています。本物のＣＤＣがどれだけの人員と予算をかけて世界的な研究と活動をしているかを知ったら、軽々にこのような看板はかけられません。あまりに稚拙なことをして、外国から笑われるのは都庁や都民なので、その方が気がかりです。

ああした思いつきを、真面目に聞いてはならないのです。

小池知事が都政で重視してきたとしているのは情報公開ですが、特に進んだという印象はありません。政策決定の透明性も感じられません。「豊洲市場の移転問題に関する検討過程の記録が残っておらず、情報公開という知事の方針に逆行するのではないか」と記者会見で尋ねられた時の答弁には驚きました。「情報というか、文書が不存在であると、それはＡＩ（人工知能）だからです」「最後の決めはどうかというと、人工知能です。人工知能というのは、つまり政策決定者である私が決めたということ」などと全く意味不明なことを述べてはぐらかしました。こんな言いぐさは情報公開の対極にあることで、これでは情報公開を語る資格がありません。

小池知事が熱心なのは、キャッチフレーズと話題作りです。都政についての理念や方針が定まっているわけではないので、つまみ食い的に話題になるものを取り上げているという印象です。

新型コロナウイルス対策でも、大阪で第一波の感染者が減った頃から通天閣がライトアップされ、感染状況の独自基準「大阪モデル」の到達レベルに基づいて赤（警戒）から黄（注意喚起）、そして緑（基準内）になるのを見て、二番煎じで飛びつきました。東京でもレインボーブリッジと都庁で点灯させたものの、再び感染が拡大傾向になり、目前に控えていた都知事選向けにコロナを抑えたという宣伝ができなくなると見るや、点灯を止めてしまいました。よさげなものに飛びつきはしても、具合が悪くなったらすぐに捨ててしまう。つまりは話題になり、自分にスポットライトが当たれば、それでいいのだと思います。

実現できなくても、話題になればいいという意味では、最初の知事選の時、「就任したら都議会を解散する」と述べたのも同じです。法律上できもしないのに、平気で出まかせをいいました。

翌年の都議選に際しても「築地は残す。豊洲は生かす」とできっこないことを明言しました。今では知らん顔です。しかし誰も責任を問いません。

ただ、レインボーブリッジや都庁がライトアップされようが、されまいが、大した害はありませんでした。命にかかわるような施策は都庁の職員がこなしているからです。

都議会との関係で目を引いたのは、就任二年目でした。都民ファーストの会という傘下の「地域政党」を結成して都議選に臨み、圧倒的な勝利を収めました。

大阪府知事を務めた橋下徹さんもそうであったように、これは議会での多数派工作と同じ意味を持っています。議会で厳しい追及をされたくない。議案をすんなり通してもらいたい。そう願う首長によく見られるやり方と同じようなものです。普通は多数会派と懇《ねんご》ろになろうとするのですが、橋下さんと同じく新党を作ったのはそれまであまり見られないやり方でした。

しかし、しょせんは自分に歯向かわない多数派を議会に作りたいという行動なので、ほめられたものではありません。あくまで一般論ですが、議会の厳しい質問戦や審議を避けたい首長が取り計らうことです。とりわけ、まともな答弁もできず、説明責任も果たせないような首長にとっては、とてもありがたい議会の環境だといえます。

だから、都民ファーストの会が第一党になったからといって、都議会が変わったわけではありませんでした。知事を「よいしょ」する人で多数派が形成されただけで、自民党が第一党だった時代と同じです。いや、自民党が主導した時代のほうが厳しかったかもしれません。自民党議員の中には知事に苦言を呈する人や、知事に引導を渡す人がいましたから。

当時の自民党がいけなかったのは、表で議論しないで、もっぱら闇で決めていたことです。だから都政は伏魔殿と呼ばれ、都議会にはドンといわれる都議がいたということでしょう。

「小池傘下」の政党といえば、小池知事は一期目、希望の党を結成して衆院選に臨み、国政にも影響力を行使しようとしました。都知事としてもう少し真面目に取り組んだらどうかと思いましたが、知事として何かやりたいわけでもなかったのでしょうから、仕方がないですね。そういう人を都知事に選んでしまったのだから、いちいち論評してもしょうがありません。

## 「地方自治の神様」でもミッションを失った

それにしても、向いていない人が何代も続けて都知事になるのは不思議です。

私の記憶にある限りでは、就任間もない頃の鈴木俊一さんは知事に向いていました。都政もまだ今ほど巨大化していませんでした。現在の都庁舎は新宿にありますが、当時は千代田区の有楽町にあり、今と比べると小ぢんまりとして比較的分かりやすい都政でした。

その鈴木さんも、鋭く仕事をしたのは四期十六年務めたうちの一期目、せいぜい二期目までだと思います。まだ体力や気力がありました。昔の鈴木さんを知っている者からすると、二期目の終わりぐらいから力が落ちたなと感じました。三期目以降は余分だったと思います。

「鈴木さんは都庁の全てを知っていたかのようにいわれるが、そうではなく、物事を聞いて筋が通るかどうか判断する能力に長《た》けていた」と都政に詳しい記者から聞きました。

これは説明責任を果たせるかどうかということと深く結びついています。私も旧自治省の官僚時代、知らず知らずのうちにそうしたトレーニングを受けていました。「後で納得してもらえるように説明できるか」「こういう議論に対してはどう答えるのか」と絶えず訓練されたのです。たぶん鈴木さんはそうして判断することに、とても重きを置いていたのだろうと思います。

鈴木さんは「地方自治の神様」といわれていましたが、私たちの世代から見ると、多少古いタイプの地方自治を論ずる人でした。しかし、それでもやはりきちんと筋道を立てて考え、住民本位で決めなければならないという理念を持っていました。そうした考えで都庁の組織づくりや運営をしていたのだと思います。

ただ、その鈴木さんでさえ、三期目以降は活力を失っていました。その頃何度か、お目にかかったことがありますが、今後の都政をどうしようという抱負を聞くことはまずなかったように記憶しています。明らかに使命感やミッションを見失っているとの印象を受けました。

二期目に入った小池知事の課題は、政治的パフォーマンスではなく、地道な仕事ができるかどうかです。例えば、光の当たらない分野に目を向けられるかどうか。都内でも遠隔地の奥多摩や島しょ部には多くの課題があります。しかし、こうした地域でパフォーマンスをやる機会はそう多くはないので、どうしても知事の関心は薄くなるのではないでしょうか。

また、都立高校の学校図書館の司書については、正規職員の司書の配置をやめ、指定管理者制度による学校図書館の外注化が進められています。このため、正規の司書から、管理委託を受けた事業者が採用した非正規雇用の委託司書に入れ代わりつつあります。

ちなみに、受託事業者は、清掃会社のような教育や図書館業務に直接関係のない企業が多いようです。

そうした結果、学校図書館がどんなふうに変わるのか、図書館のあり方に強い関心を持つ者の一人として、とても気がかりです。高校時代の読書がどれぐらい大切か。そのことを思いやった時、外部委託によってもっぱら司書の人件費を削ることだけに目が行っている今の都政には、いささか思慮が欠けているように思われます。

ただ、これは小池知事が始めたというわけではなく、石原慎太郎さんが知事だった時からずっと続いている方針です。

学校図書館だけでなく、歴代の都知事は図書館に対して非常に冷淡だったように思います。旧東京市の時代から引き継ぎ、二十三区の中央図書館の役割を果たしてきた都立日比谷図書館は二〇〇九年に千代田区へ移管してしまいました。その後、指定管理者制度により外注化されています。

もし、東京市が今も存続していたら当然、市の中心的図書館としての役割を担っていたでしょう。しかし、その東京市を引き継いだはずの東京都は、日比谷図書館の歴史や存在感にさほど関心を持つには至らなかったようです。

現在の都立図書館は、区部と多摩地区に一館ずつあります。私は都知事に就任直後の小池知事に直接、「図書館にはちゃんと目配りをした方がいいと思いますよ」と伝えたことがあります。しかし、あまり関心はなさそうでした。

ところで、小池知事が二期目の四年の任期を全うするかどうか分からないという人は少なくありません。

再選を果たした直後、「四年間の任期を全うしますか」と聞かれ、言葉を濁していました。

「任期を全うするんですか」「次のステップを狙うんですか」。再選時にそんな質問が出ること自体が極めて珍しいと思います。本気で任期を務めるつもりなら、「何を言ってるんですか。失礼な」と怒るのが当然です。でも、想定外の質問に意表を突かれ、つい本音が表情や口調に出てしまったのかもしれません。

小池知事が任期をまっとうするかどうかにかかわらず、今後の都政には多くの課題があります。まず、新型コロナウイルス対策をどうするか。感染拡大による景気低迷で予想されている税収の落ち込みとそれによって生じる財政運営の厳しさをどう切り抜けるか。東京五輪の行方はどうなるのか。その動向によってはとても難しくなる後始末をどうするか。

そして切り盛りが難しくなった時、小池さんが知事を続けるかどうかというのも、今後の都政の注目点でしょう。

## 「東京市」復活を提言する

都庁は組織が大きく、予算も事務も膨大です。とても一人のトップが牛耳れる代物ではありません。

行政分野は極めて広く、上下水道、地下鉄・バス、都立病院、市場の運営のほか、東京港の建設や管理まで行っています。ビルが林立する繁華街の都市計画を担当する部署があれば、標高二千メートルの山がある奥多摩の過疎地区を視野に入れる部署もあります。都心から南に約千キロメートル離れた小笠原群島も東京都で、同群島の父島には都庁の出先機関の小笠原支庁が置かれています。加えて、東京オリンピックやパラリンピックの事務もこなしているとなれば、とても知事が一人で掌握できる範囲ではないでしょう。

ここまで巨大化した東京都は、もはやひとくくりの自治体とするには無理があります。知事が奥多摩や小笠原の現場へいこうと思っても、四年間の任期で何度足を運べることか。

先ほどもふれましたが、都知事は他県の知事と基本的に変わりはないものの、一つ大きな違いがあります。旧東京市の市長でもあるということです。

東京都は旧東京府と旧東京市が合体してできました。その後も東京市の後継としての位置づけは続いており、海外との都市交流では、ニューヨーク、パリ、ロンドン、北京などの「市」と姉妹友好都市の締結をしています。都知事は東京府知事であると同時に、東京市長でもあるのです。

そうした東京市を復活させ、東京府と分けることで様々な問題が解決すると、私は考えています。

よく指摘される問題に「三多摩格差」があります。二十三区と多摩地区ではインフラ整備などに格差があるといわれているのです。そうした問題も二十三区が東京市として独立すると、多摩の市町村の声は東京府に届きやすくなります。奥多摩や島しょ部に知事が足を運ぶことも今よりは多くなるでしょう。

新しい東京市は、横浜市のような政令指定都市ではなく、韓国のソウル市のような自治体にする選択肢もあります。ソウル市は、日本の府県に該当する道からは独立しています。また、市域には二十五の特別区があり、それぞれに民選の区長や区議会が存在します。東京市及び二十三区もこれと同じような関係として構想することは可能だと思います。

都政の肥大化は、東京一極集中と歩調を合わせて進みました。

しかし、今回の新型コロナウイルス感染症が、東京一極集中への歯止めとして機能するのではないかと感じています。

東京の東京たるゆえんである人口密度の高さが、感染拡大を進める要因の一つだからです。ウイルスが発した私たちへの警告なのかもしれません。

コロナ禍の東京では否応なく暮らし方や働き方の変更を迫られ、テレワークや在宅ワークが進んでいます。企業や人は「何も東京の地価の高い密集地にしがみつかなくてもいいのではないか」と考えるようになりました。もっと環境のいいところで、のびのびと生活と仕事をしたいという価値観の転換も始まっています。

そもそも、首都直下型地震があったら、ひとたまりもないといわれてきた都市です。ほうぼうで起きる火災は消し止められるのか。水や食料は調達できるのか。高層ビルやマンションのエレベーターに閉じ込められたり、高層階への上り下りで難儀をしたりすることはないのか。破壊の度合いが高くても、膨大なインフラは再建できるのか。

万一の時に政府や都庁が機能するかどうかもわかりません。

こうした様々な課題を考えないことで、東京の一極集中化は進んできました。

私は今回の感染症拡大が「東京」という都市の在り方を改めて考えるきっかけになると思います。

## 理解に苦しむ「大阪都構想」

一方の大阪府。この十年間で常に話題になってきたのは「大阪都構想」という自治体の統治機構を変えることです。

大阪府知事と大阪市長を務めた橋下徹さんが、大阪府と大阪市は二重行政なので一体化させ、新しく大阪都をつくろうと主張して議論が始まりました。

二〇一五年に住民投票が行われ、反対が僅差ながらも過半数を占めました。普通はこれで決着です。ところが、大阪府知事と大阪市長の両方のイスを占める大阪維新の会が強くこだわったため、あらためて二〇二〇年十一月一日に再度住民投票が行われることになっています。

では、そもそも都構想で実現しようとする都制度とは何なのでしょう。

これは東京都にしか先例はありません。すでに東京都について述べたことと少し重なりますが、あらためて整理しておきたいと思います。

東京都は旧東京市を廃止し、これと旧東京府と合体させてできました。

東京市が持っていた大都市行政のうち、一体的に処理すべきものは都に移し、身近なものは特別区に移したのです。特別区に移されたのは、例えば小中学校。かなり後年になってから一般廃棄物の収集も移されました。大都市の区域で一体的に処理しなければならない地下鉄やバスといった都市交通、消防、中央卸売市場、上下水道などは都に移されました。

東京都ができたのは戦争中の一九四三年です。国策である戦争を効率的に遂行するため、中央政府が帝都を押さえておきたかったのだと思います。東京市長は実質的に市会で選ばれていたので、曲がりなりにも民主主義の産物でした。一方の府知事は官選でした。民主主義を奪う形で国が帝都を意のままに動かしやすくしたのでしょう。都のトップは官選の「東京都長官」になりました。

戦後、なぜGHQ（連合国軍最高司令官総司令部）が東京都を解体して東京市と東京府に分けなかったのかは分かりません。また、GHQなどに頼らず、自主的に戦時体制を元に戻す作業を行ってもよかったと思いますが、現在に至るまで戦時体制がそのまま続いてきました。

都制度の最大の問題点は、組織があまりにも大きすぎて知事の目が行き届かないところです。

歴代の知事が苦労してきたのは、主として旧東京市が持っていた大都市行政の部分でした。五輪はそもそも都市の祭典なので、市の仕事です。小池都政で騒ぎになった築地市場の豊洲移転問題も、中央卸売市場のことなので市の仕事。辞職した猪瀬直樹さんが都営バスの二十四時間運行に熱心でしたが、こうした都市交通も市の仕事です。皆、旧東京市長としての仕事に追われて、東京府知事の仕事がお留守になっているように思われます。

また、旧東京市がなくなったので、大都市としての一体的な自治システムがなくなりました。

例えば、神奈川県横浜市の都市計画は、市の全域を対象として基本的には横浜市が決めています。しかし、東京二十三区の都市計画については、広域的観点から定めるべきもの（市街化区域や国道・都道など）や根幹的な施設等に関する都市計画は基本的には東京都が決めます。その際、二十三区は意見を言うぐらいのことで決定権はありません。

都市計画という重要な事項は当然議会でも議論になります。これについて横浜市の都市計画は横浜市会で議論されますが、市会の議員は当然のことながら全員横浜市の区域から選出されています。

ところが、東京二十三区の区域の都市計画を論ずるのは区議会ではなく都議会ということになります。都議会には二十三区以外の地域から選出された議員も多いので、二十三区の区民にしてみれば、どうして多摩や島しょ部から選出された議員に口を出されなければならないのかと思うでしょう。これは横浜市の問題に神奈川県議会が口出ししてくることを想定してみるとよく理解できるはずです。

逆に、住宅政策については、横浜市であれば横浜市全域をどうするかという視点で考えられますが、二十三区では区ごとにバラバラに考えます。それぞれ若者を呼び込みたいなどと独自施策を展開するので、二十三区全体を見てどこを重点にするかなどという施策は打ち出せません。それぞれ区長がいて、区議会があるのだから当然そうなります。

これらの問題の解決には、東京都を再び東京府と東京市に分割し、広域的な行政を担う東京府と大都市行政を一元的に担う東京市を復活させるのが理にかなっているのではないかと考えています。

東京でそうした現状があるのに、なぜ今ごろになって「大阪都」を導入しようとしているのか、私にはとても不可思議に思えます。

世界のどの国を見ても、大都市自治体があります。ニューヨークにはニューヨーク市があり、ソウルにはソウル市があり、パリにはパリ市があります。これが世界標準です。しかし、東京には東京市がありません。大阪市をなくすのは、東京と同じように大阪も世界標準から外れることを意味しています。

## 「二重行政」は全国どこにでもあり得る

勘違いしている人がいるかもしれないので説明しておきますが、「都」とは首都のみを指す用語ではありません。わが国の地方自治制度の中におけるいわば一般的な用語として規定されていて、東京都だけに独占使用権があるわけではありません。例えば、人口二百万人以上の都市を有する道府県では都に移行することは可能です。ですから「大阪都になったら、日本は東京と大阪の東西二都体制になる」という人がいますが、これは制度上も理論上も間違いです。

東京市は戦争中、国策として廃止させられました。その結果できた東京都はいわば戦時体制の産物にほかなりません。

そもそも市をなくせば、地域のアイデンティティはなくなります。仮に今、東京市があったとして、それを廃止するといわれたら、私を含めて人々は猛反対するでしょう。ところが、大阪市の場合には廃止反対の声があまり大きくないように思えます。大阪市に対する市民のみなさんの愛着がそれほどでもないのだとすれば、とても不思議なことです。

大阪が地盤沈下を続ける一方で、東京には一極集中が続いています。「東京は都だからあんなにキラキラ輝いている」といういい方が妙に説得力を持つのかもしれません。しかし、それは錯覚です。ニューヨークをはじめとして世界の中で成長している大都市は都制度を採用していません。ニューヨーク市はニューヨーク州の中の一つの市です。ニューヨーク都ではないのです。しかも、州都ですらありません。

気になっているのは、橋下さんが府知事時代、水道事業の統合などを巡って当時の平松邦夫・大阪市長とたびたび対立し、感情的なしこりが影響して市の廃止という方向に動いた面があるのかもしれないという点です。平松さんは橋下さんの感情を害するような発言を時々していたようです。

私も一度そうした場面に遭遇したことがあります。ＮＨＫ大阪で放映された生番組でのことです。私も出演していたのですが、同じく出演する橋下さんが東京から帰ってくるタイミングが、番組の出だしに間に合いませんでした。これはＮＨＫと橋下さんとの間で事前に話し合い、そういう約束で番組に出るという形になっていたようです。このため、NHKはとりあえず、橋下さんの写真をパネルにして席に置き、番組は始まりました。

その後、「どうも、どうも」と橋下さんが登場した時、同じ出演者の平松さんは、橋下さんが遅刻してきたと勘違いしたのでしょう、橋下さんの席に置いてあった写真を指して「橋下さんがやっと来た。あんた来ないから、こんなペラペラになってたよ」というような軽口を叩いていました。それを聞いた橋下さんは、「僕は遅れることをちゃんと言ってましたよ」とオンエア中に言い合いになり、場の雰囲気がしらけたことがありました。


二〇一〇年一月、府知事だった橋下さんは「二重行政」の解消をうたって大阪都構想を打ち上げました。「競争力のある大阪にするためには、大阪府も大阪市も一度壊さなければならない。そして、あるべき大阪を作り上げる」と訴えていました。

大阪府と大阪市には確かに二重行政があります。でも、それをいうなら、神奈川県にも京都府にも鳥取県にもあり、全国どこの都道府県にも二重行政はあり得ます。でも、必ずしもその〝弊害〟が問題視されているわけではありません。むしろ、できるだけ二重行政にならないように、互いに相談したり、補完したりしています。

また、何をもって二重行政というかの問題もあります。例えば多くの場合、図書館は県立と市立が中心市にはあります。見方によっては二重行政です。県立図書館でも市民への貸し出しをしているし、市民へのレファレンス業務（図書検索などによって、利用者の調査や学習を司書が助ける作業）を行っています。しかし、本来県立図書館は県全体の広域図書館ネットワークの中心で、県内の各種図書館をサポートする役割があります。そうした理念を明確にしてそれぞれが役割を果たせば、部分的にはともかく、批判されるような二重行政にはならないはずです。

今回の新型コロナウイルス対策では、主導的な立場にある府知事が一貫して情報を取りまとめて発表し、大阪市との連携はうまくいっていたとの印象を持っています。役割分担の考え方がしっかりしていれば、府と市が存在していることが悪いわけではないということが理解できるのではないでしょうか。

市と府の役割分担は地方自治法に書かれていて、それは基礎的自治体と広域自治体です。基礎的自治体である市が行う事務の残りを広域自治体である府が行うのです。その基準に照らし合わせてお互いが合理的に判断していけば、問題はあまり発生しません。問題が生じそうになったら協議すればいいだけで、かつての大阪市と大阪府はそれができていなかったようです。

大阪は府の面積が比較的狭く、大阪市の面積・人口・経済の占める割合が高いので、広域行政はこうあるべき、基礎自治体はこうあるべきと考えにくかったのかもしれません。大阪府は明治時代の初期、奈良県と一体化したこともありました。また、奈良県や和歌山県と一緒になる阪奈和合併構想がかつて出てきたのも、むべなるかなという感じがします。

そうした意味では、府と市が合体するより、関西圏の広域連携の方に意味があるように思います。

## 「大阪都」より関西広域連合

関西広域連合という広域自治体があります。二〇一〇年に関西エリアの自治体が集まって設立され、現在は八府県（滋賀県、京都府、大阪府、兵庫県、奈良県、和歌山県、鳥取県、徳島県）と四市（京都市、大阪市、堺市、神戸市）が参加しています。

実は、これは私が鳥取県知事だった時の提案が一つのきっかけになったのではないかと考えています。

鳥取県まで含めた関西版EU（欧州連合）のような組織が作れないかと、当時の大阪府知事と大阪市長に持ち掛けました。橋下さんが府知事になる前のことでした。

東京への一極集中がますます進む中で東京圏に対抗し、関西を一大拠点にするような固まりができないかと考えたのです。鳥取県は経済的には関西圏の一部なので、大阪を中心とする関西圏が発展することは鳥取県にとっても裨益《ひえき》するところ大だからです。ところが、当時の大阪府知事も大阪市長も全く興味を持ちませんでした。

その後、二〇〇八年に橋下さんが府知事になり、その当時私が勤めていた慶応大学へ挨拶にこられました。その際、「関西版EUというのを提案したことがあるけれど、あなたの前任者は無反応でした。検討されてみてはどうですか」と伝えておきました。その後関西広域連合設立に向けて話が進んだようなので、私が伝えたことがきっかけになったのではないかと考えているわけです。ちなみに、ちょうど私が総務大臣の時に設立の運びとなり、認可の決裁をした時には感慨深いものがありました。

私が関西版EU構想を提案した時に最も重要だと考えていたのは大阪を中心とした高速交通体系のことでした。高速道路や新幹線といった東京を中心とする高速交通体系は、中央政府が考えています。しかし、関西圏については国の関心も低く、また府県もバラバラなので、全体のことは誰も考えていません。西日本全体をにらんだ高速交通体系を構築していかないと、いつまでたっても新幹線は新大阪を通過するだけになってしまいます。

一九六四年に東海道新幹線が東京―新大阪間で開通した時、両都市は同格でした。どちらも始点であり終点だったのです。ところが東京は今では東北・北海道、新潟、長野から北陸までをも結ぶ拠点となる一方で、大阪は山陽新幹線が西に一本伸びただけです。そのような情けない現状を打開すべく、大阪を中心にして放射状の高速交通体系を考えるべきではないかと持ちかけたのです。

鳥取から大阪へ行くには、在来線の特急列車と新幹線を乗り継いでも、車で途中から中国縦貫自動車道を利用しても（その当時鳥取市には高速道路が通っていなかったので）、かなりの時間がかかっていました。飛行機で行ける東京の方が時間距離は近かったのです。これではおかしい。大阪へのアクセスがよくなれば、大阪は裾野が広がって栄える。鳥取県を含む周辺地区も潤うはずだという発想でした。

ただ、発足後の関西広域連合は、当初は奈良県が加わらないなど府県間の関係がギクシャクしていたようです。このため広域観光や防災での連携といった程度が主な役割になったようです。今も、先ほどの関西圏の高速交通体系を一元的に考えるなどということになっていないのはとても残念です。

その間にも、北陸新幹線は長野から富山、金沢へと延伸し、福井をへて敦賀までは二〇二三年に開業の予定です。既に開通したエリアでは東京圏化が進み、福井県もますます東京とのつながりを深めていくでしょう。しかし、敦賀から先の新大阪まで、新幹線のルートは二〇一九年になってやっとおおまかなルート案が決まったような実情です。こんなことでは関西圏がますます地盤沈下するのは目に見えています。

関西の経済界の人たちは「関西は一つ」だとよく言いますが、行政はどう見ても「関西は一つ一つ」になっているのが実情のように思えます。

私が鳥取県知事を務めていた時に関西圏の政治や行政に感じてきたのは、それぞれの府県が蛸壺的にものごとを考えているのではないかということです。広く関西圏域全体を自分たちの地域だと捉えて戦略を練り、将来を見通して動いていく視点が弱いように感じます。

では、東京圏にそれがあるかというと、都県などの自治体レベルではそうとも言えません。ただ、東京には中央政府があります。そこで働く人たちは仕事上でも私生活でも都県の枠組みを超えて、広く圏域全体の利便性などを考えています。

例えば品川操車場跡地再開発が打ち出された時、「そこに新幹線の駅を作ると、みんな便利になるね」という話を誰かがすると、たちどころに各省の官僚たちが共鳴し、そして早々に具体化される。こんな事情が東京圏にはあります。

大阪には中央政府はないので、こんな事情はありません。それなら、各府県や経済界が協力して、蛸壺的ではなく圏域全体のことを考える場を作ることから始めなければならないのではないか、ということです。

安倍政権が政府関係機関の地方移転構想を打ち出した時も、本来なら関西広域連合のような場を通じて戦略を練り、「チマチマした個別機関の地方移転ではなく、この際、関西に副首都を置くぐらいの広い視野と覚悟を持って臨んだらどうですか」と政権に迫っていたらどうだったでしょうか。

その頃の安倍政権なら、こうした関西からのまっとうな挑発には大いに刺激され、もっと大胆な地方移転構想に発展したのではないかと想像しています。

でも、結局は各府県がバラバラに動いて、パン食い競走で数少ないパンを奪い合うような誘致合戦になってしまいました。国に足元を見られ、「おたくは何をしてくれますか。何を提供してもらえますか」というような難題をふっかけられても、ひたすら国にすがり、「移転して頂く」というような惨めな姿になったのは、最初から戦略を誤っていたからではないかと思います。

ここでの本題に戻りますと、大阪都構想とは所詮は大阪という枠内の争いにすぎません。そんな争いに腐心するのではなく、関西圏の中での大阪の位置づけを考え、戦略的に動いていくことが今の大阪には必要ではないかということです。

## 府知事と市長のダブル・インサイダー選挙

大阪都構想は「大阪維新の会」という地域政党を抜きにしては語れません。大阪維新の会にとって、大阪都構想は一丁目一番地の政策課題だと言っていいでしょう。いや、脇から見ていると、それは今や政策の域を超えて、イデオロギーか教義のような位置を占めているようにも見えます。

この大阪都構想の住民投票は、二〇一五年に一度行われました。いかに府知事や市長にこだわりがあるといっても、同じような内容の案件で住民投票が二度も行われるのは異例です。また、公正なこととも思えません。ジャンケン勝負を挑んで負けた人が、もう一回やろうというようなものです。二度やれば、挑んだ側が勝つかもしれません。そこで勝てばゲームオーバーで、挑まれて負けた側がもう一回やろうというわけにはいきません。二度目の勝敗が決まった段階で、事態は大きく動き出し、府市統合の作業が進んでいて、もはや後戻りができないからです。

ほかにも、大阪維新の会は選挙で想定外の脱法的な手法を使いました。二〇一九年に、松井一郎府知事が任期途中で辞任して大阪市長選に出馬し、吉村洋文大阪市長がやはり任期途中で辞任して大阪府知事選に出馬しました。知事と市長が同時に辞職し、交代して また出馬するのは、法律が想定していない事態です。

これを、私はダブル・インサイダー選挙と呼んでいます。知事も市長もそれぞれまだ任期中だから、こんな時期に知事選挙や市長選挙があるなどとは誰も予想していません。次の選挙に立候補しようと目論んでいる人は、それぞれの任期満了の時期を睨んで準備をしているはずです。

ところが、知事と市長が「自分は辞める。お前も辞めろ」と打ち合せて、ある日突然ダブル選挙になるのだから、他の人は誰も準備が整っていません。準備ができているのは、既に打ち合せ済みの前知事と前市長の二人だけです。こんな不公正なことはありません。選挙で勝って府民、市民の強い支持を得たと勘違いしてはいけません。この二人が勝って当たり前だからです。

インサイダー情報に基づいて株を売り買いするようなもので、卑怯で狡《ずる》いやり方です。株ではインサイダー取引が禁じられていますが、選挙ではこうしたやり方が禁止されていません。「もっと正々堂々とやれよ」とは思いますが、違法というわけではないのでしょうがないですね。

こうしたインサイダー選挙を防ぐには、アメリカの大統領・副大統領のように、日本でも任期中に知事や市長が欠けた場合、副知事や副市長が自動的に残りの任期を務めるという定めにしておくのがよいと思います。

二〇二〇年十一月の住民投票で大阪都構想が実現に向かうにしても、向かわないにしても、最終的な責めを負うのは住民です。自分たちの選択の結果が自分たちの地域の将来を決めることになります。そういう意味で、地方自治とは自業自得の仕組みだということです。このことはよく認識しておく必要があると思います。

# 第六章　ポストコロナ時代の首長と議会

## 議論せず、決めない議会に存在意義はない

新型コロナウイルス対策を進める中で、地方議会の問題も浮き彫りになりました。もちろん、地方議会が様々な問題を抱えていることは、今に始まったことではありません。コロナ以前から厳しく指摘されているところです。

ここでは、最初に議会についてこれまでどんなことが指摘されたり、議論されたりしてきたかということから述べていきたいと思います。

まず、議会とは何をするところでしょうか。

議会は物事を決めるところです。地方議会はローカルルールを決めます。その決めたことを執行部に実行させ、それを確認する役割も担っています。

これが議会の最も重要な役割です。

たとえば、お金の使い方のルールを決めるのが予算です。しっかり審議をして決めたら、きちんと使われているかどうかのチェックをしなければなりません。このため議会には決算の認定権限があります。予算の議決と並ぶ、議会の重要な役割です。

こうした重要な役割があるにもかかわらず、「議会は何をやっているか分からない」とよくいわれます。

もっともだと思います。今の議員たちに「決めること」への関心が薄いからです。「決めたこと」にも関心がありません。その証拠に、議案は一つ一つ丁寧に決めていかなければならないのに、会期の最終日に一括採決するなどし、淡々と閉会してしまいます。

その代わりに一生懸命なのは、「質問」という名の執行部とのやり取りです。これは現状では個人のスタンドプレーのようなものです。

質問とは本来、議案を採決するうえで必要な情報を提案者から得る作業です。議案を必要とする理由や事情は何か、可決された時にどういう態度で執行するか、どういう影響を持つと見ているかなどを質すのです。

ところが、多くの質問は議案と関係ありません。全く無意味だとはいいませんが、意味のない質問が多くあります。例えば地方議会でトランプ・アメリカ大統領をどう思うかなど、日米関係について執行部に尋ねる議員がいます。知事や市区町村長がトランプ氏のことを好きであろうが嫌いであろうが、地道な自治体行政にはあまり関係ありません。時間の無駄です。

提案型の質問をする人がいます。児童の医療費無料化について、小学校低学年までとなっているのを小学校六年生まで広げたらどうかなどと議場で首長に迫るのです。それはそれで意味のあることですが、本当は議員立法の議案か、予算の修正案として提案するのがいいと思います。

議員の誰かが提案型の質問をして、首長がそれに「はい、分かりました」と答弁することで施策が決まってしまうとすれば（現実にはよくあることですが）、それは熟議を欠いた歪《いびつ》な政策決定だというほかありません。こうした答弁を引き出すのが議員の最大の仕事だと勘違いしている議員が多いのが現状ですが、そもそも政策が個人と個人のやり取りで決まるのは不健全です。質問する方も答える方も、議会とは本来どのような場であるか全く分かっていません。

なかには巧みにひっかけの質問をしたり、恫喝《どうかつ》したりすることで、首長を錯覚に陥らせたり、惑乱させたりして、つい「やります」との答弁を首長から引き出すことがあります。それで「言質《げんち》を取った」などと喜ぶ議員もいます。しかし、錯覚や惑乱に基づいた決定で事業が進められることなど、あってはなりません。そのような時には、他の議員が「ふざけるな。最後は俺たちが決めるんだ」というぐらいの気概があればいいのですが、首長が何かいったらそれで決まってしまうと思い込んでいる議員が多いようです。

このように、自分たちが決定権者だという自覚がないのが、今の地方議会の根本的な問題です。

私は大学院で社会人が多い講座を担当していて、現職議員である院生もいます。そうした人に「議員のミッション（使命）は何ですか」と尋ねてみます。すると、「市長に要望すること」「いい要望をすることで、市政に影響を与えたい」などという答えが返ってくることがあります。「要望なら、議員でなくても自治会でもできるから、議員になんかなる必要はないのではないか。わざわざ選挙に出て、皆に愛想を振りまくのは止めて、市民中心の要望団体でも作ったらどうか」というと、「エッ。じゃあ、議員とは何なのか」と困惑することにもなります。

このような認識を改めてもらうには、随分と骨が折れます。

要望であれば一般の市民でもできます。しかし、「決める」ことができるのは議会だけなのです。

新聞などにもよく勘違いした記事が出ます。質問回数の多寡で議員を評価する記事などはその一例です。これは善し悪しです。問われるべきは、回数ではありません。賛成・反対を含めた議案への態度であり、その前提として、どれほど議案に対して真摯に向き合ったかということです。その一環での本質を突いた質問が多いということであれば、それは大いに評価されてしかるべきです。

ところが実際には、議案を理解しているかどうかさえ怪しい議員が少なくありません。嘘だと思うなら、「先の議会ではどんな議案を決めたのですか」と聞いてみてください。「えーと、まあ、いろいろありました」などという議員がほとんどです。

議案への態度という意味では、議会では採決の前に「討論」が行われることがあります。ただ、これはほとんどの場合には形骸化していて、多数会派の代表が賛成のための演説を行い、少数会派が反対の演説をします。討論なのに、言いっぱなしで、議論などないので、これでは「討論」とは呼べません。

討論とは、英語でいえばディベート、あるいはディスカッションです。アメリカの地方議会では、本会議や委員会の場で議員同士が議論し、それを通じて合意できる方向を見いだしていきます。日本の地方議会では、公の場で議員同士がちゃんとした議論をすることはほとんどないようです。

地方議会では議会基本条例を定めているところがあり、「議員間で討議する」などという規定がよく盛り込まれています。決める前に皆で話し合うという内容ですが、なぜこのように当たり前のことをあらためて条例に定めなければならないのか。世の中では大学の教授会でも、町内会でも、議論して決めるのが普通なのに、議会ではしていなかったと公言しているのと同じです。情けない実態が透けて見える条項です。

## コロナで役割を果たせなかった議会

執行部にお尋ねするだけという機能不全の議会に陥っているため、新型コロナウイルス感染症が流行すると、不思議な現象が起きました。

「こんな時に質問をしては、執行部に迷惑をかける」と、会期や質問時間を短くする議会が相次いだのです。中には、そもそも議会を開かなかったところもありました。議会自身が「いつも意味のない質問ばかりしている」と自覚しているのかもしれません。図らずも、自ら「議会は不要不急」だと認めてしまったのです。

しかし、本当に議会は不要不急なのでしょうか。

自治体を巡っては様々な問題が起きました。

全国民を対象とした十万円の給付は、地方議会が決めたわけではありませんが、関連予算を可決し、配付の事務は自治体職員が行ったので十分に関わりがあります。マイナンバーカードによるオンライン申請のトラブルがあったほか、「目の前の生活に困っているのに交付が遅い」という声も上がりました。

また、知事が休業要請する代わりに協力金を支払いましたが、十分な額だったかどうかの検証はなされていません。

PCR検査の件数はなかなか増えず、政府は「どこかに目詰まりがあるようだ」と話していましたが、これは保健所を設置している都道府県及び市区の問題でもありました。

これらについては、議会の出番があったのです。議会には調査権があります。場合によっては、関係者の出頭や証言、記録の提出などを求めることができ、正当な理由なしに拒否すると処罰すると地方自治法百条で定められています。「百条調査委員会が設置された」などというニュースを聞いたことがあると思いますが、公共機関で不祥事が起きるなどした場合、議会がこの調査権限に基づく特別委員会を設け、事態を究明します。そこまでやらなくても、議会には日常から調査権限があります。

この調査権は、今回のように社会が困っている時にこそ行使すべきだったのではないでしょうか。例えば始められた施策が円滑に実施されているかどうかのチェックです。

休業要請の実態を把握し、事業者の生の声を聴く。ＰＣＲ検査はなぜ増やせないのか、どこに目詰まりがあるのかを議会として調査点検する。

このようにして調査をしたうえで、役所のやり方のどこに問題があるのか、何が足らないのか、首長に勧告するなどして、役所を正すのです。国に対して注文する必要があるのなら議決に基づく意見書の提出という手法もあります。

本来議会は不要不急どころか、なくてはならない存在です。にもかかわらず、全国の地方議会は、こうした調査活動をほとんど何もやっていません。それどころか、議会自ら、早々と「店仕舞い」してしまったり、活動を自粛したりしていました。これでは、本当に大切な時にまったく役に立たないと批判されても致し方ありません。

いざという時になぜ役に立たないのか。それは、普段からそうした調査活動をしていないからです。普段取り組んでいなければ、いざという時にできるはずがありません。

議会によっては、このたびの休業要請に関連して、「休業を要請されたが、それについての補償は雀の涙ほどで、本当に困っている人がいる」と、議会質問で取り上げた議員がいたかもしれません。これは住民の実情を議会を通じて執行部に伝える効能があり、それなりに意味があると思います。

ただ、本当に困っている人がいるなら、議会で「市民の意見を聴く会」を開き、直接実情を聴いてみてはどうでしょう。その方が当事者の生の声を聴くことができ、それを議会で共有することができます。公聴会の様子をメディアがニュースなどで報じれば、さらに多くの人に伝わります。

地域の課題が、いちいち議員の口を通じてでなければ議会に持ち込めないというこれまでのやり方は、そろそろ改められるべきです。これまでのやり方だと、議員が質問に仕立てるには、ある程度の時間と労力を必要とします。また、議会の多くは議員がいつでも質問できるわけではありません。議会によっては一人の議員が年に一回しか質問できないなどとする、奇妙なルールを作っているところもあります。さらに、このたびのようにそもそも議会を開かなかったり、開いても質問を自粛したりした議会では、困りごとを抱えた住民の声はまったく議会に届かないことになってしまいます。

公聴という点では、愛知県犬山市議会が二〇一八年から「市民フリースピーチ制度」を導入しています。年に四回の定例議会ごとに、抽選で選ばれた市民七人が、五分の持ち時間で市政についての意見を自由に述べることができます。この場で出た意見は全員協議会などの場で議論し、適切に対応することにしているとのことです。

犬山市議会ではアメリカ生まれで日本国籍を取った議員が議長に就任し、アメリカの地方議会で行われていることを参考にして議会改革を呼び掛けたのでしょう。それがこの制度導入のきっかけだったようです。これからどのように発展していくか分かりませんが、注目すべき仕組みだと思います。

ただ、さらに発展させる観点から、欲を言えば、市民が発言できる機会は年四回ではなく、例えば毎月一回開くことにしてはどうでしょうか。年四回では、機動性に乏しく、このたびのような緊急の際に時機を失することにもなりかねません。また、抽選で「市民七人」に絞るのではなく、発言したい市民なら誰でも発言の機会を与えられるようにすべきです。真剣に実情を訴えたい市民が今いるのに、抽選に漏れたから発言できないというのでは、なんとも常識に反しています。

## 東日本大震災の時にも似たようなことがあった

東日本大震災の時にこんなことがありました。その当時私は総務大臣を務めていたのですが、被災地の議会のみなさんが次々と総務省を訪ねてこられました。もちろん災害復旧・復興の要望に関することですから丁寧に応対しましたし、折角の機会なので、被災地の様子なども克明に伺うように努めました。

ただ、多少の違和感があったのは、総じて議員全員で上京されていることでした。また、一つの議会が一度だけでなく、二度、三度と来られるところがあったこともそうです。災害復旧の真っ最中に、議員総出で、しかも何度も上京するのは、かなり無理をしているのではないかと心配にもなりました。

そこで、複数回来られた議会の方たちに、「こんな時にわざわざ何度も上京される必要はないですよ。電話でひと声かけてもらえば、政務三役か局長がそちらに出向いて、要望などを伺いますから。決して無理をされないように」と伝えました。

すると、先方からは意外な返事が返ってきました。「実は、私たちは地元でやることがないんです。議場が壊れたので議会は開けないし、執行部が不眠不休で復旧にあたっている時に、あれこれ言って邪魔をしてもいけませんし。でも、議会が何もやっていないというのでは格好がつかないので、せめて町のためにこうやって要望書を持って省庁を回っているのです」というのです。

コロナの時と同じように、大震災の時にも議会には果たすべき役割があるはずです。例えば、被災者のみなさんは様々な課題を抱えています。被災証明をなかなか出してもらえないこと、義援金の配分が滞っていること、などなど。また、避難所での弁当のこと、入浴のこと、トイレのこと、回りがザワザワしていて落ち着いて眠れないことなどです。

もちろん、こうした課題は市役所や役場の職員が把握することになっていますが、なにぶん職員自身が被災していて手が足りなかったり、職員は何日も寝ていなかったりなどという事情があり、被災者の皆さんの声を十分に聴き取ることが難しかったのではないでしょうか。

それなら、何人かの議員で避難所に出向き、被災者の生の声を聴いてあげたらどうか。その声を整理して執行部に伝えるだけでも、被災者のみなさんの安心につながるはずです。これはまさしく議会の公聴機能であり、災害時における議会の重要な役割の一つだと言えます。

こんな話を、総務大臣室を訪れた議会のみなさんにしてみたところ、総じて「それは難しい」という反応でした。もし、自分が避難所に顔を出したら、「こんな時にまで、自分を売り込みに来るのか」と、総スカンにあうというのです。

不謹慎ながら、これには思わず苦笑させられました。議員さんたちは普段から「何かありますか」と言いながら有権者の所に顔を出しているものの、それは自分を売り込みに来ているると、みんなが知っているということでしょう。

被災時に、「今日は自分の売り込みではなく、本当にみなさんの困りごとを伺いに来たんです」と言っても、誰もそのようには受け取ってくれない。そのことを議員自身もよく自覚しているということだと思います。やはり、普段やっていないことは、いざという時にもできない、ということです。

## 議会はどこでも開ける

先に、東日本大震災の被災地の議会のみなさんが、「地震で議場が壊れたから、議会を開けない」と言っていたことを紹介しましたが、これは間違っています。もし、議場が壊れてしまって使えないのなら、別の場所で開けばいいからです。

議会の招集は知事や市町村長が行いますが、招集告示では日時のほかに場所も指定することになっているので、もし議場が使えないなら、他の場所を指定すればいいだけのことです。委員会については議長が招集しますが、同様に議場以外の場所を指定し、そこで委員会を開催することになります。

こんな仕組みや取り扱いは議会のみなさんならおそらく知っていると思います。では、なぜ他の場所で開くことにしなかったのか。それは、先の東日本大震災の被災地から訪ねてきた議会のみなさんと話をしていた時に、先方からポロッと出たのですが、議場のように厳粛な雰囲気があり、ちゃんとした演台に向かってでなければ質問をしにくいというのです。

たしかに、例えば公民館や体育館の場は、普段の議会でやっているような、質問原稿をひたすら読み上げたり、多分に芝居がかった質問戦を繰り広げたりするにはなじまないでしょう。

しかも、それは場所の問題だけではありません。被災者がほとほと難渋し、職員も疲れ切って仕事をしている時に、普段の形骸化した質疑、あるいは議員のパフォーマンス先行の質問をしていたら、議会はほとんど浮いた存在になるでしょう。

被災地の議員のみなさんが、「自分たちはやることがない」と心情を吐露したのは、こうしたことがわかっているからでしょう。「議場が壊れたから議会が開けない」というのも口実にすぎず、本当は普段どおりの議会は開けないし、さりとて災害時対応型の議会運営はやったことがないし、というのが本音だったのだと推察しています。

ここから言えることは何か。それは普段の議会運営を改めなければならないということです。肝心のいざという時に、議会がまったく機能しないようでは、議会の存在意義はないに等しいと言えます。こんな情けない議会ではダメです。これまでの悠長で形骸化し、しかも住民の声をまったくといっていいほど聴かない議会運営を改めることです。議会が日常的に住民参加を促し、委員会などの場で何かにつけて住民の発言機会を設けるような運営に慣れていれば、大災害の時には議会の役割を十二分に果たすことができるでしょう。それは住民から高い信頼を得ることにつながるはずです。ここでもやはり、普段が大事ということです。

新型コロナウイルスの関連で、議会をオンラインで開催できるかという問題が提起されました。「三密」を避けよ。人が集まっている場所では大声を出すな。これを励行しなければならない時代には、従来型の議会運営は不向きです。そこでにわかにクローズアップされたのがオンラインによる議会運営です。これが法律上可能かどうかが議論になりました。

総務省は、委員会はオンラインでもいいが、本会議はダメだとの見解を示しています。

地方自治法に規定されている「出席」について、委員会の場合にはそれぞれの議会においてオンライン参加を「出席」と認めるのは可能だが、本会議については「本会議への出席は現に議場にいることと解されている」からダメだという考えのようです。同じ地方自治法の中の同じ用語（この場合は「出席」）について、二通りの意味があるというのですから、あまりにも稚拙な見解でほとんど取るに足りません。

私は本会議についても、「現に議場にいる」ことだけが出席ではないと考えています。地方自治法が立法された当時はＩＴ化など想定されていませんでした。コロナ禍のこの時期、大学ではもっぱらオンラインで授業を行っていますが、もし総務省のいうように「現に教室にいる」ことを出席の要件にすると、オンライン授業では全員欠席になってしまいます。会社の取締役会でもオンライン出席が認められている時代ですから、議会も委員会だけでなく本会議もオンラインで開けないわけがありません。

また、議員がウイルス感染した場合、議員が一堂に会するような形では会議が開けなくなります。そうなったら、首長が議会に諮らずに決めてしまう専決処分しかなくなってしまいます。

専決処分にするぐらいなら、オンラインで議会を開くことの方がよほど賢明です。その際、出席議員をどうカウントするかが問題だという人もいますが、先ほどのオンライン授業でも会社の取締役会でも、サイバー空間に出席している人を適切に確認できています。議会だけが「確認できない」ということはないはずです。

ただ、オンライン議会では、公開についてことのほか配慮しなければなりません。議員間だけのオンライン会議にしてしまえば、実質的に秘密会と同じになってしまいます。市民なら誰でもやはりオンラインで傍聴できるようにしておかなければなりません。

議案についての市民の意見もインターネットを駆使すれば聴きやすくなります。今回のように感染拡大で多くの人が外出を控えている時も、例えば先ほどの休業要請の対象になった人に在宅のまま意見を聴くことだってできます。今回のコロナ禍を契機にして、日頃から議会活動にオンラインを活用したら、市民にとって議会がより身近な存在になると思います。

## 急がば回れで、議会を蔑《ないがし》ろにしてはいけない

議会は知事や市町村長にとってはどんな存在でしょうか。議会は煩わしいだけで、いっ

そのことなければいいのに、などと考えている首長は案外多いように思われます。とりわけ、今の新型コロナ対策をテキパキと進めなければならないような事情がある時には、議会は邪魔で足手まといな存在だと、公言しないまでも、心中そう思っている首長は少なくないはずです。コロナでの対応で議会を開かないことにしたとか、開いても質問しない、あるいは質問時間をごく短くした自治体が出てきた背景には、こうした首長の気持ちを忖度したこともあったのでしょう。しかし、私は首長のそうした考えや議会の忖度はまったくの心得違いだと確信しています。

新型コロナ対策だけでなく災害の時などには早急に手を打たなければならないことはあります。でも、執行部が短期間で作り上げた施策が、対応策として的を射ているかどうかはわかりません。むしろ、慌てて作ったので、出来の悪い施策になっていることの方が多いと考えるべきです。そうした懸念がある施策ほど、ちゃんと議会に諮って、大勢の議員の目を通してチェックしてもらうべきです。急がば回れということです。

先に触れた岡山県の検温実施などはその典型的な事例だといえます。検温とは人の自由を多少なりとも制約することになるので、条例上の根拠があった方がよかったということを述べました。同時に、条例案を議会で審議する際には、この条例のねらいや検温についての知事の考え方なども明らかにされ、それらについての議論もなされたはずです。そうした過程を経て成立した条例であれば、実施する段階で知事の不用意な発言がなされることもなかったでしょうし、それに伴う無用の混乱を生じさせることにもならなかったのではないかと思われます。

議会でちゃんと審議してもらえばよかったのに、と思われることが東京都にもありました。先にもふれた、八月一日から始めた新型コロナの感染を防止するための「感染防止徹底宣言ステッカー」（通称「虹のマーク」）です。東京都では、飲食店や劇場などの施設での新型コロナ感染症予防対策の一環として、この虹のマークの普及に乗り出しました。小池知事もこれにはことのほか力を入れていたようで、自らその啓発のために作成したTシャツを着て記者会見に現れ、「東京中を虹のマークで埋め尽くしていきたい」と豪語していました。

東京都が虹のマークを始める前に、すでに一部の自治体では、感染予防に努めていると認定した店舗にステッカーを表示する施策に取り組んでいました。消費者からは「安心して、その店を利用できる」と概ね好評でしたので、東京都が遅ればせながら似たような施策に乗り出すのを、マスコミは好感を持って伝えていました。

ところが、その後この虹のマークを貼っているパブで新型コロナウイルスのクラスターが発生したことが報じられました。当然のことながら世間は、この店は本当に感染症防止対策を徹底したのか、というところに関心を寄せました。さらには、都や区からどんな認定をしてもらえば、虹のマークを貼ることができるのか、ということにも関心は及びました。そこで判明したのは、虹のマークは誰でも取得できるという驚くべき実態でした。

ネットを通じて、所定の申請フォームにチェックさえすれば、自動的に虹のマークをダウンロードすることができるのです。所定のフォームには、「利用者・従業員にマスク着用の徹底を周知し、着用していない場合は配布等に努めている」、「3密が予想される場合、整理券の配布や入場者数・滞在時間の制限等を行っている」などいくつかのチェック項目があり、それらにチェックマークを入れさえすればいいのです。

その店が、チェック項目に書かれたことを励行しているかどうかにかかわらず、ただチェックマークを入れるだけでいい。それを誰も確認しないまま「防止徹底宣言ステッカー」が交付されるのです。東京都の虹のマークは一見しただけでは、他の自治体が先行的に実施した認定制度と似ているように思われます。しかし、実態はそうではなくて実にいい加減なもので、本当に呆れてしまいます。

## 虹のマーク失敗の原因は知事の専決処分にあり

どうしてこんなことになったのか。私は虹のマークの根拠となるものを調べてみました。すると、虹のマークは「東京都新型コロナウイルス感染症対策条例」に基づいて実施されていることがわかりました。この条例自体は、新型コロナウイルスの感染拡大を睨んで四月に制定されたものですが、それを七月三十日に改正し、虹のマークの根拠をこの条例の中に規定したのです。

そこには、飲食店などの事業者は都や業界団体などが定めた感染防止のためのガイドラインを遵守するよう努めなければならないとあります。それを受けて、飲食店などの事業者は「知事が別に定める標章（注：虹のマークのこと）を掲示するよう努めなければならない」と規定されています。

条例の該当部分にはこれ以外にもいくつかのことが書かれていますが、主な内容はこれだけです。東京都には失礼ですが、誠に出来の悪い条例です。事業者がガイドラインを遵守するよう努力義務を課すのはいいとして、本当に遵守しているかどうかの確認などしないまま、あたかも遵守しているかの如き錯覚を与える「標章」を貼るよう努力義務を課しているのです。貼った後の点検や確認の規定もありません。

この条例の規定に目を通してわかったことは、虹のマークは、真面目に感染症予防対策を実施している店舗を広く顕彰することを通じて、利用者の賢明な選択を誘発し、それによって新型コロナウイルスの感染蔓延を防ごうという意図のもとに始められた施策ではなかったということです。

そんなことより、とにかくできるだけ数多くの事業者に虹のマークを貼ってもらうことが目的だったとしか思えません。小池知事の「東京中を虹のマークで埋め尽くしていきたい」という発言が妙にリアリティを持って思い出されます。いったい小池さんは何がやりたいのか。感染症予防対策に真剣に取り組む気がないのではないか。マスコミに虹のマークの話題を大きく取り上げてもらって、単に目立ちたいだけだったのではないか。

ともあれ、条例は「東京中を埋め尽くしていきたい」という小池知事の歪んだ意図をそのまま表現した内容になっています。ただ、知事の意図はどうあれ、条例は都議会で決定するものです。都議会には百二十七人というたくさんの議員がいますから、その中の誰かが、条例改正案の審議の過程で出来の悪い内容や歪んだ部分を指摘し、これを是正しようという動きがあってもおかしくありません。都議会はいったい何をしていたのか。

そこで、さらに都議会での条例審議のことを調べてみたところ、なんと七月三十日の条例改正は都議会に諮ることなく、小池知事が専決処分という手法で決めたものであることがわかりました。

専決処分とは地方自治法に規定されている制度で、一定の要件が満たされた場合に、議会の権限（この場合は条例の改正）を知事が議会に代わって行使することができるという仕組みです。その一定の要件とは、議会を招集する暇がない時、招集しても議員が集まらない時など、ごく希《まれ》なケースに限られています。

ただ、このたびの虹のマーク関連の条例改正に当たって、これらの一定の要件が満たされていたとは到底考えられません。また、議会が議会の権限のうち軽易な事項についてあらかじめ議決で指定したものも専決処分することができますが、このたびの条例改正はもとより軽易でもないし、あらかじめ議決で指定もしていないでしょうから、知事が専決処分できる対象ではありません。

実は、さかのぼって四月のこの条例自体の制定も専決処分だったのです。新型コロナ対策というとても重要な事柄に関して条例を定めたのも、また都民の店舗選びの指針ともなるべき虹のマークの根拠を定めるための改正をしたのも、いずれも都民の代表である都議会での審議を敢えて避け、知事限りの専決処分で決めていたのです。

どうして正規の手続きを経て、条例案を議会で審議してもらう手筈を整えないのでしょうか。おそらく、スピード感を持って施策を執行するには、議会抜きでさっさと決めるのがいいと思っていたのでしょう。あるいは、議会でとやかく議論され、質問されるのが嫌で面倒くさいのかもしれません。

でも、そうした手抜きが失敗につながると認識すべきです。虹のマークは当初は肯定的に受け取られていましたが、その実態がわかるにつれて、事業者も都民も白けてしまいました。真面目に感染症対策を整えている店にとっては甚だ迷惑なことです。どうせ申請フォームに適当にチェックして取得したに違いないなどと、誤解されるからです。現に、私の知っているちゃんとした店は、それまで貼っていた虹のマークを早々に取り払いました。「なまじ虹のマークを貼っていると、却っていい加減な店だとからかわれるので」と苦笑していました。今や、虹のマークは揶揄《やゆ》嘲笑の的になっているのです。東京都の大失敗だといっていいでしょう。

## 議会は責任の共同処理場

もし、このたびの虹のマークに関する条例改正案を議会で審議していたら、どうだったでしょうか。おそらく、感染症対策をやっているかどうかの確認はどうするのか、嘘をついていた店にペナルティはないのか、などの疑問が提起されていたことでしょう。何よりも、議会で審議される段階でマスコミが取り上げることとなり、出来の悪い原案の問題点なども報じられたことでしょう。こんな過程を辿っていれば、その後の大失敗には至らずに済んだはずです。

私はかつて知事をしていた者として、東京都だけでなくこのところ多くの自治体が議会を頼りにしなかったり、軽んじたりする傾向があることを不思議に思っています。転ばぬ先の杖で、やりたい施策をちゃんと議会で吟味点検してもらっておいた方がよほどいいのにと考えるからです。

自治体だけでなく、政府もそうです。コロナ対策で行われた安倍政権の失敗作だとされる布マスクの一世帯二枚配布、十万円のオンライン申請、それに泥縄式のＧｏＴｏトラベル事業は、いずれも官邸ないしその周辺のごく一部の人たちで決めて、そのまま実施に移されました。もし、国会で真摯に点検していれば、おそらく馬鹿にされたり、笑われたりする結果にはならなかったでしょう。

私には鳥取県知事在任中、公言して憚《はばか》らなかったことがあります。それは、議会は責任の共同処理場だということです。知事には県政を遂行する上で日々決めなければならないことが山ほどあります。決めたことがすべて正しければいいのですが、所詮人間が決めることですから間違いもあります。間違いを少なくするには、知事自身やその周りの一部の人だけで決めるのではなく、できるだけ多くの人の目を通して点検してもらうに越したことはありません。私にとっては、その点検してもらう場が県議会でした。県議会とは、県政を間違った方向に進めないように、施策をより良いものに練り上げていくための、知事と議員との共同作業の場だと認識していました。

決めると、いずれ結果が出てきます。その結果には責任が伴います。決めることが山ほどあるといいましたが、それらの結果をすべて知事一人で背負い込むのは無理です。責任の重さで潰されそうです。この点でも、決めることを議会との共同作業で進めていれば、知事一人で責任を背負い込むことはありません。この意味で、議会は責任の共同処理場だというわけです。

知事と議会がこうした間柄であると、議会に隠し事はできません。隠し事をしたまま決めてもらっても、後で問題になった時に、議会は「大事なことを知らされていなかったのだから、責任は取れない」ということになるからです。これでは議会を責任の共同処理場だということはできません。

議会にも県民にも包み隠さず県政の情報は公開し、根回しや談合で賛成を取り付けようとするのではなく、異論反論を含めて県議会で真摯に議論し、その上で議員の評決を待つというのが、私の鳥取県知事時代のやり方でした。

その結果、議案によっては議会で修正されることは珍しくありませんでしたし、場合によっては否決されることもありました。でも、そうした修正や否決は、冷静に考えると「なるほど一理ある」というようなものばかりで、こちらも素直に納得できるものでした。いい機会だから生意気な知事の鼻をへし折ってやろうとか、知事に恥をかかせてやろうなどという意図のもとに否決や修正がされたことはありませんでした。

全国の首長の中には、自分が提出した議案が修正されたり、まして否決されたりすれば沽券《こけん》にかかわるなどとして、あくまでも原案を無傷で通すことに拘《こだわ》っている人が少なくないように思われます。でも、そんな姿勢で議会に臨んでいると、都合の悪い情報を隠蔽《いんぺい》することになったり、二枚舌を使ったり、強弁を張ったり、あるいは闇で隠微な約束をさせられたりというようなことに陥りかねません。それでは、一つ一つの議案を通すたびに首長自身や部下職員たちを腐敗させ、堕落させることにつながります。

住民や地域にとって必要な政策は、関連する条例や予算を議会で承認してもらう必要があります。しかし、だからといってそれを権柄《けんぺい》ずくや裏工作で通そうとするのはやめるべきです。それをやっていると、情報公開に後ろ向きで、オープンな議論を避け、説明責任を果たさない自治体に成り下がってしまうからです。あくまでも正攻法で議会を説得する。こうした自然体の姿勢で臨むのが、これからの自治体の長が取るべき態度だと、自分自身の経験を踏まえてお勧めする次第です。

**片山善博**（かたやま　よしひろ）
1951年、岡山県生まれ。東京大学法学部卒業後、自治省（現・総務省）に入省。99年より鳥取県知事（2期）。2007年4月、慶応義塾大学教授。10年9月から11年9月まで総務大臣。同月、慶應義塾大学に復職。17年4月、早稲田大学公共経営大学院教授。著書に『地方自治と図書館』（共著：勁草書房）、『民主主義を立て直す　日本を診る2』（岩波書店）、『片山善博の自治体自立塾』（日本経済新聞出版社）、『偽りの「都民ファースト」』（共著：ワック）などがある。

**文春新書**

1284

知事《ちじ》の真贋《しんがん》

2020年11月20日　第1刷発行

著　者　　片　山　善　博
発行者　　大　松　芳　男
発行所　株式会社　文　藝　春　秋

〒102-8008　東京都千代田区紀尾井町3-23
電話（03）3265-1211（代表）

印刷所　　理　想　社
付物印刷　大日本印刷
製本所　　大　口　製　本

定価はカバーに表示してあります。
万一、落丁・乱丁の場合は小社製作部宛お送り下さい。
送料小社負担でお取替え致します。


ISBN978-4-16-661284-0

## ◆政治の世界

## ◆アジアの国と歴史

韓国人の歴史観　黒田勝弘

決定版 どうしても “日本離れ” できない韓国　黒田勝弘

中国4・0　エドワード・ルトワック　奥山真司訳

「南京事件」の探究　北村　稔

日中韓 歴史大論争　櫻井よしこ・田久保忠衛・古田博司　劉江永・歩平・金燦栄・趙甲濟・洪熒

韓国・北朝鮮の嘘を見破る　鄭　大均　古田博司編

韓国併合への道 完全版　呉　善花

侮日論　呉　善花

朴槿恵の真実　呉　善花

「従軍慰安婦」朝日新聞vs.文藝春秋　文藝春秋編

韓国「反日」の真相　澤田克己

女が動かす北朝鮮　五味洋治

北朝鮮秘録　牧野愛博

ルポ 絶望の韓国　牧野愛博

「暗黒・中国」からの脱出　顔　伯鈞　安田峰俊編訳

米中激突　陳　破空　山田智美訳

「中国」という神話　楊　海英

劉備と諸葛亮　柿沼陽平